Minerva Shobo Librairie

新 教 師 論

学校の現代的課題に挑む教師力とは何か

小柳和喜雄/久田敏彦/湯浅恭正

［編著］

ミネルヴァ書房

まえがき

　ここ数年，教師の専門性とは何かが問われ，教師力という言葉も見られるようになった。学校では，幼小連携，小中連携，普通学級における特別支援，授業のなかでの生活指導，生徒指導における学習活動との関連付け（キャリアガイダンスほか），共通履修科目と地域固有な学習内容の関係を問うカリキュラム編成など，越境的な領域，相互関連を考えていくことが行われている。そして，それに対する教員の力量形成がますます問われてきている。

　教員養成，現職研修においても，教師の専門性，職能成長を意識して，上記に記したような越境となる現代的な学校教育課題に挑み，その力量を，学部生，院生，現職教員に伝えていくことが求められてきている。そのような中，教職実践演習において，これまでの教職に関する学び・学部での学びを学生が各自編み込んでいく取り組みが始まってきつつある。また大学院などでも，個人で，集団で職能開発と関わって省察を行うさいに，各自の思いや考えを表現させることへ関心が向けられている。その際に，どのような言葉で，どのような視点で，どのように考えを表現していくのか，を学習支援していく道具が求められている。そのため本書を出版できないかということに至った。

　本章は，4部構成になっている。

　まず，第1部は，「教師に求められる専門性と力量に関する論議のコンテキスト」として，「第1章　今，求められる教職の専門性」「第2章　教職教育の質保証と職能開発」の2章で構成されている。ここでは，「教員養成の高度化」や「教職生活全体を通じた教員の資質能力の総合的な向上方策」が論じられてくる背景やその内容などを取り上げ，この後，第2部以降で展開される各論のなかで論じられる課題提起の総論となる内容が説明されている。

　続いて，第2部は，「教師に求められる専門性と力量のエレメント」として，「第3章　教師の専門性としての子ども理解」「第4章　カリキュラム編成・開発における教師の専門性」「第5章　授業における教師の専門性」「第6章　生

活指導実践と教師の専門性」「第7章　教育評価における教師の専門性」で構成されている。この部では，教師の専門性として求められていること，求められつつあることを，「子ども理解」「カリキュラム」「授業」「生活指導」「評価」といった，これまでも大切にされてきた領域と関わって論じている。そして専門性主義（専門性とはこれであると表現して終わる，それで満足してしまう）に陥らず，専門性を確かな実践力の形成や開発につないでいくために何をどのように進めていったらいいのかを課題提起的に論じている部である。

　第3部は，「教師に求められる専門性と力量のアプリケーション」として，「第8章　幼児教育における教師の専門性」「第9章　学童保育と学校との連携における教師の専門性」「第10章　特別支援における教師の専門性」で構成されている。この部は，第2部で取り上げる内容が義務教育等への取り組みを中心とする専門性とすると，ここでは，それらをより固有な専門性が求められる「幼児教育」「学童保育」「特別支援」といった取り組み対象に応用する部分に当たる。教師の専門性や職能開発も，学校園種や求められる専門知識が異なる対象領域で固有に考えていく必要があることが言われるなかで，その課題に応えていこうとする部を担っている。

　最後に取り上げる第4部は，「高等教育・現職教育における取り組みのパースペクティブ」として，「第11章　養成段階でめざす教師の専門性」「第12章　現職研修でめざす教師の専門性」で構成されている。この部は第一部と呼応する形で，教員養成・現職研修で，実際に具体的な取り組みで，何が問われ，何が課題とされているかを述べている。養成側・研修を行う側が何を求め，なぜそのような機会を設定しているかをあらためてメタ的に考えていくことを担う部である。

　以上，全12章全体を通じて，最初に挙げた，学びを学生・院生・教員が各自で編み込んでいく際に，考える視点となることを期待している。
なお，本書は，故上野ひろ美先生（元奈良教育大学教授）の「新たな教師教育」の構想や関連する様々な貢献の業績を偲ぶ意図ももって編集されている。

小柳和喜雄

目　次

まえがき

第1部　教師に求められる専門性と力量に関する論議のコンテキスト

第1章　今，求められる教職の専門性 …………………………… 2
1　日本の教師が蓄積してきた授業研究 ………………………… 2
2　教職大学院 ……………………………………………………… 4
3　今，教師に求められる実践力 ………………………………… 7
4　おわりに──反省的実践家，研究的実践家への道 ………… 10

第2章　教師教育の質保証と職能開発 …………………………… 12
1　日本における教師教育政策の最近の動き …………………… 12
2　諸外国における教師教育改革の動き ………………………… 18
3　教員養成の質保証と職能開発を検討していくために ……… 25

第2部　教師に求められる専門性と力量のエレメント

第3章　教師の専門性としての子ども理解 ……………………… 34
1　教師の専門性としての子ども理解とは ……………………… 34
2　教師教育における「子ども理解のカリキュラム」 ………… 36
　　──都留文科大学の実践を手がかりに
3　子ども理解研究としてのナラティヴ的探究 ………………… 41
4　教育実践における子ども理解──応答的関係のなかでこそ … 44

第4章　カリキュラム編成・開発における教師の専門性 ……… 47
1　教師の専門性として求められていること …………………… 47
2　教師の専門性とカリキュラム開発の力の関係 ……………… 49
3　カリキュラムという言葉とその考え方 ……………………… 54

4　カリキュラムの編成と開発の方法……………………………………………… 55
　　5　学習内容の増大・変化・複合性とカリキュラム………………………………… 59

第5章　授業における教師の専門性……………………………………… 66
　　1　「授業力」の曖昧さと危うさ……………………………………………………… 66
　　2　授業づくりの多様性と課題………………………………………………………… 70
　　3　コミュニケーションとしての授業と教師の専門性…………………………… 74
　　4　教師の専門性としての授業批評………………………………………………… 81

第6章　生活指導実践と教師の専門性…………………………………… 86
　　1　「目の前の子どもから出発する」ことと生活指導実践……………………… 86
　　2　教師の専門性としての個人指導の展開とその課題…………………………… 91
　　3　教師の専門性としての集団指導の展開とその可能性………………………… 97

第7章　教育評価における教師の専門性………………………………… 104
　　1　教育評価における課題…………………………………………………………… 104
　　2　教育評価研究の発展……………………………………………………………… 108
　　3　教育評価における教師の権威性への問い……………………………………… 114

第3部　教師に求められる専門性と力量のアプリケーション

第8章　幼児教育における教師の専門性………………………………… 122
　　1　幼児教育における指導の独自性………………………………………………… 122
　　2　幼児教育に求められる4つの専門性…………………………………………… 124
　　3　指導の具体に見る専門性………………………………………………………… 128
　　4　小学校教育と連携する力………………………………………………………… 130
　　5　保護者と信頼関係を築く力……………………………………………………… 132

第9章　学童保育と学校との連携における教師の専門性…………… 138
　　1　学　童　保　育…………………………………………………………………… 138
　　　　――学校から「近くて遠い」，子どもたちの放課後の生活の時間と空間

2　「学童保育の指導員」から「学校の教師」への呼びかけ……………… *142*
　　3　学童保育と出会い，つながることでひらかれる世界 ………………… *147*
　　4　「教師として生きる」ことと「人間として生きる」ことの統一 ……… *149*

第10章　特別支援教育における教師の専門性 …………………………… *153*
　　1　特別なニーズのある子ども理解の力量 ………………………………… *153*
　　2　特別支援教育のカリキュラムづくり・授業づくりと教師の専門性 … *161*
　　3　専門を越えた参加と共同をつくる ……………………………………… *168*

第4部　高等教育・現職教育における取り組みのパースペクティブ

第11章　養成段階でめざす教師の専門性 ………………………………… *176*
　　1　専門性の基礎を築く学士課程 …………………………………………… *176*
　　2　専門性の基礎としての教養 ……………………………………………… *177*
　　3　専門性の基礎としてのスタンダーズ …………………………………… *183*
　　4　教師の自律性の基礎の形成 ……………………………………………… *186*
　　5　教師の協働性のへの構えの形成 ………………………………………… *190*

第12章　現職研修でめざす教師の専門性 ………………………………… *192*
　　1　現職研修のねらいと役割 ………………………………………………… *192*
　　2　現職研修のシステムと内容・方法 ……………………………………… *198*
　　3　生涯研修体系を展望した教員個々の専門性の形成 …………………… *200*
　　4　現代学校教育改革で求められる組織としての専門性の向上 ………… *203*

あとがき
索　　引

第1部
教師に求められる専門性と力量に関する論議のコンテキスト

第1章

今，求められる教職の専門性

　筆者の手元に学校が作成した多くの研究誌がある。授業研究に出かけた学校の研究冊子である。手に取れば指導案はもとより，教材解釈，授業の記録，学級経営実践，人権教育カリキュラム等，様々な内容が掲載されている。出かけた学校は多くの都道府県にまたがっており，行政から研究指定を受けた学校もあれば，自主的な校内研究も多い。

　学校と大学（研究室）が連携し，大学側には「片手に辞書，片手にテレコ」という言葉があった。「片手に辞書」とは，（外国の書物も含めて）理論的・原理的な学びを大事にしようという意味で，「片手にテレコ」とは，テープレコーダーやビデオのことで，実践に触れ実践に学び，実践を創造しようという意である。理論と実践の往還が志向され，現職教員と（院生を含む）大学人が，実践創造という目的を共有して真剣な議論を交わした。授業力と実践力の向上を求める使命感と意欲が，学校と教師集団に共有されていた。

1　日本の教師が蓄積してきた授業研究

1.1　日本の授業研究史

　日本の教師の教育実践力は世界に誇れるものだと言われる。とりわけ初等教育はその名声を博している。こうした評価と実績を支えたのは教師たちが自ら開拓し蓄積してきた実践研究，なかでも授業研究である。

　授業研究という言葉がわが国の教育界で検討され始めたのは，戦後1950年頃からとされる。国定教科書の時代には国定教科書教師用書があり，これに従って教えればよく，またそうするしかなかった。したがって教師による「研究」はもっぱら教える技術の研究とならざるを得なかったのである。戦後の教育改革の過程で，教科書が，厳しい検定のもとでの教科の授業の中心的な資料であ

ることに変わりはないものの、教師に多少の裁量が認められ、教育内容の研究が進められることとなった。「投げ込み教材」と称した自主選択になる教材や資料が活用された。

　授業研究は60年代に興隆を遂げ、70年代、80年代の新たな課題に対応すべく蓄積を重ねた。その代表は教科書内容研究と教材研究であり、そして学習集団研究、生活（生徒）指導研究が続く。日本教育方法学会編『教育方法学辞典』の「授業研究」の項によると（日本教育方法学会、2004：352）、教科内容研究は民間教育研究団体の手で広範に進められた。誇り高く語り継がれている所以である。さらに、授業で子どもの認識をどう発展させていくかという点に重点を置く研究が進められるようになった。ポーランドの教授学者オコンが著した『教授過程』（オコン、1959）の影響は大きかった。「あるべき」理念や思弁にのみ頼る授業研究ではなくて、具体的な授業を分析し、その法則性を明らかにしつつ、一般化を志向する研究成果が記されていた。「授業記録」をとり、これを分析・検討するという実証的な研究が進められることになる。

　「授業研究」は、研究機関と学校の教師集団との共同研究の形をとって行われるようになり、わが国の授業研究の特色となって今日に至っている。当初は民間が開発し、行政が後に続く。行政研修は時を追って盛んになったが、それとは逆に、民間の個人や学校による自主的な授業研究はかつての勢いを失い、教師集団や学校職場がもっていた優れた教育力、指導力は衰退してきていると言われている。理由は様々に考えられるが、子どもたちの学ぶ意欲の低下や社会意識・自律心の低下、社会性の不足、いじめや不登校の深刻な状況など、学校教育をめぐる課題がいっそう複雑化・多様化していることがある。教師の社会的地位の変化も影響している。他方では、教員に求められる専門性が高度化している。今、求められる教職の専門性は、日本の授業研究の蓄積に基づきつつ、新しい時代の要請に応えることが期待される。

1.2　「実務家教員」群

　新しく設置された教職大学院の最たる特徴のひとつは、教員組織としての専任教員のなかに「実務家教員」を位置付けることが義務付けられたことである。

中央教育審議会答申ではそのことを,「現行の教員養成システムの課題を踏まえ,学校教育に関する理論と実践との融合を図るためには,専任教員のうちの相当割合の者については,教職等としての実務経験を有する実務家教員とすることが重要である」(中教審答申「今後の教員養成・免許制度の在り方について」)と述べている。

　日本の授業研究は教師とそれを支える研究者によって担われてきた。それらは教師個人による努力ももちろんながら,サークルや,なかでも学校という職場で組織的に展開されてきた点に特徴がある。舞台は校内研修であった。筆者は,実務家教員というと,ともに授業研究に汗を流した先生方を想い起こす。その後,教育行政の担い手になった方も多い。大学へ移った方もいる。「生涯実践家」を貫いた人もいる。本書読者こそがご存知であると思うが,各地のここかしこに「実務家教員」群がいたし,今もいる。

　日本の授業研究はまさに「実務家教員」と称されるにもっともふさわしい多くの先達教師によって開拓されてきた。制度設計の仕組みに照らせば,研究的に実践を開拓し得る,こうした教師群が実務家教員として教職大学院の担い手となっていく。実務家教員に求められる力量については,中教審,大学設置審議会をはじめ,すでに出発した教職大学院の今後の展開に待たれるが,実務家教員が教職大学院の成否に大きく影響することは間違いない。授業研究等に関する伝統的な蓄積と新たな制度との有機的な結合が期待される。

2　教職大学院

2.1　「専門職大学院」としての制度設計

　平成15年度から,新たな大学院制度として,設置目的や教育内容を高度専門職業人の養成に特化した「専門職大学院」が創設された。法曹,ビジネス,会計,知的財産など,様々な分野において専門職業人の養成システムの改善が行われている。これは大学院修士課程に並ぶ段階であり,高度専門職業人の養成に目的を特化した実践的な教育を行う課程である。特徴は以下の点にある。

　① 修士論文の合格を必須としない。

② 必要専任教員数の3割以上，実務経験を有する「実務家教員」の配置を義務づける。
③ 修了者に授与される学位は専門職学位（修士課程は「○○修士」）

　教員養成分野においても，教員養成教育の課題を克服するとともに，より高度な専門知識・技能を有する教員を養成することを目的として，専門職大学院として「教職大学院」が創設されたのである（上記②について，教職大学院においては4割以上とされた）。

2.2　教職大学院

　2006（平成18）年7月の中教審答申「今後の教員養成・免許制度の在り方について」を受けて，2007（平成19）年3月に大学院設置基準の改正がなされた。その結果，国立・私立21大学が設置申請を行い，大学設置・大学法人審議会での審査を経て，2008年度より19大学が「教職大学院」として出発し，「教職修士（専門職）」の学位が認定されることとなった。
　中教審答申による教職大学院の制度設計の基本方針は以下のとおりであった。

　　○ 教職に求められる高度な専門性の育成に特化
　　○ 「理論と実践の融合」を実現
　　○ 確かな「授業力」と豊かな「人間力」を育成
　　○ 「学校現場」「デマンドサイド」との連携を重視
　　○ 第三者評価等による不断の検証・改善システムの確立

　　　　　　　（中央教育審議会答申「今後の教員養成・免許制度の在り方について」）

　教職大学院の機能・主目的は，①学部から進学してくる者を対象とした教育，②一定の教職経験を有する現職教員を対象とした教育，である。大学院教育を通して，地域や学校において指導的役割を果たす教育に不可欠な指導理論と実践力とを備えた，スクールリーダー（中核的中堅教員）を養成することをめざしている。

2.3　決め手は教育プログラム

　学ぶ側からみた教職大学院のもっとも大きな特徴は，教育内容・方法にある。

修士課程は従来，研究者養成機能に重点を置いて知識・理論の習得に比重が置かれていた。他方，専門職学位課程では，体系的に構成された科目履修を通じて，高度専門職業人に必要な知識・技能を習得することが眼目とされる。このため，教育課程が全体として，一貫した教育プログラムであることが必要になる。また，指導方法としても，事例研究，フィールドワーク，双方向的な討論等が工夫されることが重視される。このように，教職大学院の目的のひとつは，卓越した教員養成プログラムの提供にある。

2.4 中教審答申・大学設置審の意見から：「学校実習」を中心に

従来の教員養成教育では，理論科目と実習科目が区別され，理論的な科目は実習のなかでおのずと応用され融合するであろうと予定調和的に考えらえてきた。教職大学院においては，学校教育における理論と実践が体系的な教育課程として用意されることが，高度な専門性を育成する観点から見て不可欠だと考えられている。学校現場における実践力，応用力などの教職に求められる要請に応えるためである。そのためには各科目において，

- 教員に必要な実践的な指導技術が獲得できる
- 指導技術の背景・意味づけや問題点が理解できる
- 事例研究や授業分析，学校における実践活動，フィールドワークなどにより，実践に実証を含む

ことが求められる。履修を通じて，学校における教育課程の把握や教員の実践を裏付け，学校現場に起こる事例を構造的にとらえる視点を育成するのである。

筆者も加わった平成19年度の教職大学院に関わる大学設置審議会における審議のなかで，多くの大学に対して呈された代表的な意見は，学校等における実習の取り扱いに関するものであった。カリキュラムのなかの学校等における実習10単位を，現職教員である院生の場合に全部または一部を免除できるという規定があるが，何を担保として免除できるのかという議論である。単純に経験年数ではないし，研修に要した履修時間でもない。その人が身に付けている力，体得している力量であろう。だとすれば逆に，「学校実習」を履修することで院生が獲得できる力を明確にすることが必要であり，相応の力量をすでに有し

ている院生において当該授業科目としての「学校実習」を免除されるという議論が展開された。

2.5 「連携協力校」の設置

　教職大学院のもうひとつの特徴は，連携学校の設置を義務付けた点である。中教審答申は，この点について次のように述べている。「教員養成系学部は附属学校の設置が義務付けられているが，教職大学院の場合は，大学・学部が附属学校を設置している場合，その積極的な活用は当然の前提としつつ，附属学校以外の一般校の中から，連携協力校を設定することを専門職大学院設置基準上，義務付けることが適当である」（中央教育審議会答申「今後の教員養成・免許制度の在り方について」）。

3　今，教師に求められる実践力

　上記のような組み立てで教職大学院が出発している。ここで，教職大学院設置の背景を見据えつつ，今，教師に求められる実践力を筆者なりに提示してみたい。

3.1　教育内容の積み上げ方式から，問題解決型の学びへ発想転換

　基礎的知識・技能の習得は重要であるものの，学びの意味を「いつか，分かる」ものとして，ひたすら積み上げ方式に頼るやり方は，子どもの身に付き難い。逆に，今日の子どもたちに顕著に見られる「為すことによって学ぶ」傾向に合わせ，ひたすら体験機会を増やすことが，確かな学びにつながるかというと，そうでないこともまた自明である。必要なことは，体験を振り返り表現し思考することと，体験を構成する多様な要因を考え合せて粘り強く問題解決を図ることである。問題解決のために必要な知識や情報を集め，それらを活用して問題を解決する。教職大学院では，「典型を構成する力」，自身が有している知識や技術を子どもが学ぶ対象へと「再構成する力」の形成が重視される。総合的な学習，教科横断授業はもちろんのこと，実はすべての教科でこの発想が

求められる。

3.2 教材開発・解釈力の向上

「1.1 日本の授業研究史」で述べたように，わが国の教師による研究は，歴史的事情のゆえに教える技術に比べて内容研究に遅れをとった。戦後，民間教育研究団体が教科内容研究，教材研究を牽引したが，全国の学校に普く行きわたったわけではない。なかでも，教科書に示された教材を「解釈」することはあっても，新たな「教材開発」力においては課題が多い。教えたいもの，教えたいことを教師が「直接的に」述べて子どもに覚えさせるのでなくて，モノ化して見せる，ゲームに変える，問いに変えて子どもに発見させるというように，「媒介項」を設定するのである。総合的な学習の時間や生活科において，近年，教師に鍛えられつつある力量であるが，これら教材開発力もまた，すべての教科授業に共通して求められる実践力である。楽しく開発していきたいものである。

3.3 授業方法の開発

教職大学院のもっとも大きな特徴は，教育内容とともに，教育方法，授業方法にある。理論と実践の往還を実現する代表的な指導方法として，事例研究，フィールドワーク，双方向的な討論等が重視される。フィールド（学校，授業場面，生徒指導場面，保護者面談など）に出かける，フィールド体験を一過性のものに終わらせないで，実践を見て「取り込む」，実際に「やってみる」，やったことを後に「振り返る」「意味付ける」「議論する」等の一連の活動を繰り返すことで，応用や一般化につなげる。たとえば奈良教育大学教職大学院においては，「アクションリサーチ」「ポートフォリオ」「ケーススタディ」「授業省察」といった授業方法で授業（演習）を展開している（奈良教育大学, 2008）。

3.4 コミュニケーション力，コーディネート力

教師にはコミュニケーション・スキルが求められる。これは，人間として有すべき社会性や，子どもと「親しく」なって人間的距離感を縮める，といった

一般的な意味にとどまらない。教職の専門性に踏み込んで言えば，子ども相互の関わり（集団）がもつ学びの形成作用，人格形成作用に着目し，それを活用することである。教職大学院は，教科指導と生活指導の一体化を謳い，今日的課題として，具体的には，子ども相互の関わり及び集団のもつ教育力の活用に着目している。

さらには，教師には学校を組織できる力量が求められる。本章冒頭で述べたような学校の自主研究体制は，世代交代と社会事情を反映して弱体化し，職場における同僚性に基づく教育力が低下している現状にあって，チームワークないし組織としての教育力を発揮する力量が切実に求められている。このことは，思想信条の問題ではなく，学校の教育力として問われている。

3.5 獲得すべき資質能力の明確化

2.4で述べたように，教職大学院における学校実習免除の問題では，実は，獲得すべき資質能力が明確化されているかどうかが問われていた。先に，筆者も末席に連なる科学技術・学術審議会において，文部科学省が日本学術会議に対して，大学で獲得すべき分野別（例：経済，物理）の知識・能力（質保証）についての審議を依頼するという報告があった。中教審が，大学の学部教育で学生が身に付ける知識・能力等を「学士力」と称して提示したところであるが（中央教育審議会大学分科会，2008），こうした議論は教員養成，教師教育で先んじて俎上に上ってきたことを自覚するものである。

すなわち，教職大学院に沿って言えば，入学時（大学卒業時）に身に付けているべき資質能力，3年，5年，10年等の教職経験を有する教員が身に付けておくべき資質能力についての把握に基づき，教職大学院の教育プログラムを履修することによって学生に保証される資質能力が，社会と学校に対して約束されるという考え方がある。

教育は様々な要因が複雑に作用して現れるものであり，一直線に成果につながるものではない。奮闘を重ねて成果を上げてきたわが国の教育実践の成果に敬意を払いつつ，目的や効果を明示するこうした取り組みも取り入れることで，教員養成・教師教育の質の向上を確実に実現していくことを企図するものである。

4 おわりに──反省的実践家,研究的実践家への道

　フィンランドでは,教師に求める力量が概念化され,教育省から地方教育委員会,個々の学校現場に至るまで同じものを共有している。"What Makes a Good Teacher"と題し,6つの力量を掲げている。*

　　"A guide to growth"（学習と成長へのガイド）

　　"A director of learning activities"（学習活動のディレクター）

　　"A complete person"（一人の完成された人間）

　　"An expert"（専門家）

　　"An instiller of values"（価値観の形成支援者）

　　"A responsive responsible adult"（応答的で責任がもてる大人）

がそれである。わが国で論議される細部に踏み込んだ資質能力基準とは異なるが,いずれにせよ,実践構築の言語を共有し,授業研究と教師教育に寄与するためには,こうした教師像ないし教師に求める資質能力像を論議可能な形で共有する必要があるだろう。

　　*2006年1月に筆者らが行ったフィンランド授業視察による。上野ひろ美・岡沢祥訓・松川利広・小柳和喜雄(2006)『平成17年度奈良教育大学学長裁量経費「教学支援会議報告書」』に収録している。

　理論と実践の融合は,一方に理論を担う理論家がおり,他方で実践を担う者がいて,双方を合わせての理論と実践の融合という意味ではない。そうではなくて,理論家も実践家も双方が理論と実践を融合させ往還する意である。教育技術の開発は,大学で行われてきたのではなく,教育現場で発展させられ,教育現場でこそ身に付けることができたというのがわが国の授業実践史が示す事実である。教職大学院の出現は,今まで別々に行われてきた教師教育と教員養成が,初めて共に展開される体制の出現なのである。大学と学校が連携し,求められる教職の専門性の獲得と向上に尽力していくことが,今,何よりも求められている。

参考文献

オコン,大橋精夫・細谷俊夫訳(1959)『教授過程』明治図書.
中央教育審議会答申「今後の教員養成・免許制度の在り方について」2007年7月.
中央教育審議会大学分科会 制度・教育部会「学士課程教育の構築に向けて」(審議のまとめ)2008年3月.
奈良教育大学「奈良教育大学教職大学院アセスメントガイドブック」2008年4月.
日本教育方法学会(2004)『現代教育方法事典』図書文化.

(上野ひろ美)

[付記]本論は,上野ひろ美(2008)「今,求められる教職の専門性(特集 教職大学院)」『学校運営』50(4):6-11)に掲載されていたものを転載したものである。

第 2 章

教師教育の質保証と職能開発

　現在，教育系の学部・大学院をもつ大学は，期待されている教育の質保証及び教員養成の高度化に向けて，学部から大学院にかけて，効果的な連携を図ることが求められてきている。また現職研修や免許状の見直し案なども視野に入れ，4年＋αの教員養成など，学部・大学院を貫く教員養成，現職教育との連携も視野に入れて学部・大学院のカリキュラムの効果的な検討がなされている。
　本章は，このような動きや現在進行している国内外の様々な取り組みと関わって，教師の専門性やその職能開発などを切り口としながら「教師の実践的指導力」として問われていることは何か，それを培うために，何をどのように考えていく必要があるのかをあらためて問い直し，そのいくつかのキーとなる論点を提示している。

1　日本における教師教育政策の最近の動き

1.1　教員養成の高度化の動き

　現在，教員養成の高度化について様々な検討や試みがなされてきている。その場合，①教育の質保証や実質化を意図して高度化を考えていく場合や，②博士課程の設置や国際化などさらに高度な力や専門的な内容の提供を意図して高度化を意味する場合がある。さらに③卒業・修了後，数年して有効となる素地を培い，教育委員会の研修とも連携しながら，そこで求められる汎用性のある力の育成を意図として高度化を考えていく場合，などもある（木岡，2009；松木，2011）。
　このように同じ「高度化」という言葉を使っていても，そのイメージや意味するところが，実際の教育の現状や履修を行う場のイメージの違いなどにより異なっていることがある（図2-1参照）。

少なくとも現時点で共通していると考えられるのは就学期間の延長，継続的・中長期的視野から職能開発支援を行うという視点である。また，そのために，カリキュラム，履修方法，Faculty Development（教師教育に関わる教育者の職能開発）ほか，これまでの取り組みを見直し，修正や改善に挑む。そして1組織を越え

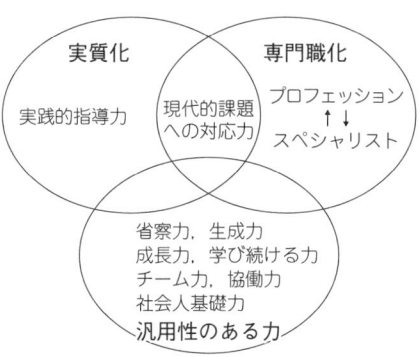

図2-1　教師養成の高度化のとらえ方

た様々な連携が求められるなかで，合意形成やそのイニシアチブの取り方の検討を行う点，などに共通点が見られる（小柳，2012）。

そこで，以下では，最近の動きでもある4年＋aの教員養成（①学部・大学院を貫く一貫の教員養成，②柔軟な時間対応で行われる大学院での現職教育，③そして教育委員会で行われる現職研修との連携も視野に入れた取り組みなど）と関わって，国内的にまずどのような動きがあるかを考えてみる。

1.2　教員養成・免許制度に関わる政策の変化

ここ約25年間，表2-1に見られるように，教員養成や免許制度に関わる様々な提言や政策の執行などが急速に進められてきている（淵上ほか，2009）。

学習指導要領の改定をめぐって，ゆとり教育や学力低下問題が騒がれるなかで，その子どもたちの指導に責任をもつ学校，そして教員に大きな関心が注がれ，教師教育改革が教育改革と連動して進められてきたことが読み取れる。たとえば，1988（昭和63）年に教育職員免許法（以下，免許法）が変わり，専修免許・一種免許，二種免許といった学位取得と密接に関わる免許の種類の改訂が行われた後，1998（平成10）年の免許法改訂では，取得する免許の種類や単位に変更はないまま，履修する内容に大きな変更が加えられた。具体的には，義務教育と関わる免許で，教科専門科目を大幅に減らして，それに対応して教職に関する科目を格段に充実する改革がなされた。これは教育問題が社会問題化して，子どもたちの心の問題やケアなどに大きな関心が注がれていたことに

第1部　教師に求められる専門性と力量に関する論議のコンテキスト

表2-1　教員養成の高度化のとらえ方

1988年	教職免許法改正（専修免許状，一種免許状，二種免許状の3種へ）
1997年	「教員養成課程学生5000人程度」の削減計画が表明される 教員の免許状の普通免許状の授与に介護等の体験が必須化へ
1998年	7月の教養審「第一次答申」（「新たな時代に向けた教員養成の改善方策について」）を受け，1998年6月4日に「教育職員免許法」が改正（7月1日施行）され，続いて6月25日に「同施行規則」が改正（7月1日施行）された。（教科専門科目を大幅に減らして，それに対応して教職に関する科目を格段に充実） これらによって，「養成カリキュラム」の大幅な改善を中心に，教員教育制度の改革が行われた。（「いつの時代にも求められる資質能力」と「今後特に求められる具体的資質能力」，養成・採用・研修の独自・連続性）
2000年	教育改革国民会議（内閣総理大臣の下に設置）報告が出される 「教育を変える17の提案」
2001年	文科省：国立の教員養成系大学・学部の在り方に関する懇談会報告「今後の国立の教員養成系大学・学部の在り方について」 地理的ブロック別の教育大学・教育学部の再編を提言
2004年	文科大臣，教員養成のための専門職大学院を提言
2005年	文科省，教員養成系学部入学定員抑制方針の撤廃
2006年	中央教育審議会答申「今後の教員養成・免許制度の在り方について」 教職大学院制度の創設などを提言
2007年	日本学術会議要望「これからの教師の科学的教養と教員養成の在り方について」 教員養成を学部レベルの教育から大学院レベルの教育に移行する改革の実施を提言
2008年	教職大学院開設（全国19大学：国立15，私立4）→現在25：国立19，私立6 免許更新制の試行開始
2009年	免許更新制スタート
2010年	教育実践演習該当学生が入学 中央教育審議会　教員の資質能力向上特別部会スタート

呼応している。

　ここ10年では，先にも述べた学力低下問題や，国立大学が法人化される動きや，大都市圏における教員が大量退職を迎えることへの対応（新卒教員の急増，学校における職歴年齢構成が大きく変わるなかで，学校の組織的教育力を担保することへの対応など）とも関わって，教員養成を担う大学は，大きな影響を受け，国立・公立・私学共に改革を迫られてきた。

　とりわけ2006年の中央教育審議会（中教審）答申「今後の教員養成・免許制度の在り方について」は，養成・採用・研修の関係がより問われた。養成では，教育課程の質的水準の向上として，大学で責任をもって教員として求められる

資質能力を確実に身に付けさせる（免許の取得と関わる学びの履歴を各自に振り返らせまとめさせる）「教職実践演習」が新設され，大学院レベルの養成改革として，より高度な専門性を備えた力量をもつ教員の養成と教職課程の改善のモデルを示すことを目的に教職の専門職大学院の創設が決定された。さらに，研修に関わっては，教育公務員特例法に定められた法定研修とは別に，教員免許更新制（免許状の有効期限が10年間）の導入が決定されることになった。

　結果，この答申により多くの教員養成を担う大学は，教育課程改革や専門職大学院の設置，免許更新制への対応を求められることとなった（横須賀，2006）。そして，2006年のこの答申をさらに進める形で，2010（平成22）年6月に中教審は，「教員の資質能力向上 特別部会」をスタートさせるに至ってきた。

1.3　教員の資質能力向上に関する審議経過と免許制度改革

　2010年6月3日，中央教育審議会は，その総会（第72回）において，2006年の答申以降の各取り組みや様々な経過も踏まえながら，教員の資質能力を高度化することについて意見交換を行った。そこで出された主な意見とも関わって，文科大臣より教員の資質能力向上に関する特別部会委員会が設置され，そのなかで，「教職生活の全体を通じた教員の資質能力の総合的な向上方策について調査審議」することが決定された。

　諮問された内容は，1．教職生活の各段階で求められる専門性の基盤となる資質能力を着実に身に付けられるような新たな教員養成・教員免許制度の在り方について，2．新たな教員養成の在り方を踏まえ，教職生活の全体を通じて教員の資質能力の向上を保証するしくみの構築について，3．教育委員会や大学をはじめとする関係機関や地域社会との組織的・継続的な連携・協働のしくみづくりについて，の3つであった。

　教員養成の長期化，教育実習期間の延長ということに直結することではなく，いろいろな広範囲の検証と課題の検討が必要であること，また今後10年は様々な都道府県で，教員の需要供給が非常に大きく変化することが予想される。そのため，そのような状況も踏まえ，教員の志願者数を一定規模で確保する方策を意識した制度改革の検討の必要性などが，検討内容として求められた。

そして特に重視すべきこととして，①学校教育における諸課題の複雑・多様化に対応して教員に求められる専門性を今一度見直しをすること，②養成段階を含めた教職生活の全体を通じて不断に資質能力の向上や専門性の高度化が図られていくようにするため，教員免許制度と教員養成・採用・研修の各段階を通じた一体的・総合的な取り組みが行われるようにすること，といった専門性の明確化とそれを担保する仕組みについての調査審議が求められた。

審議は，特別部会による2010年6月29日から2011年6月15日までの間に10回会議がもたれ（第9回に審議経過のまとめが策定），その後，ワーキンググループによる7回の審議を経て（2011年7月22日から2012年3月16日まで），2012年4月18日の第11回の特別部会で，ワーキンググループによる教職生活全体を通じた教員の資質能力の総合的な向上方策について（基本制度ワーキンググループ報告）が出されるに至った。部会による主な審議の経過の流れは，以下のとおりであり（図2-2参照），基本制度ワーキンググループ報告の主な内容は以下のとおりである（図2-3）。

＊以下のURLに審議の経過の記録が示されている（2012年4月30日確認）。
http://www.mext.go.jp/b_menu/shingi/chukyo/chukyo11/giji_list/index.htm

審議は，その諮問内容と関わって，第3回目まではフリートキングのスタイルがとられ，第4回目以降は，そこで話された内容の整理がなされ，そこでまとめられたこととも関わって，審議が積み上げられていった。

審議の結果として，3つの諮問内容に応える形で，まずこれからの教員に求められる資質能力としては，次の3つが明らかにされた。(1)教職に対する責任感，探究力，教職生活全体を通じて自主的に学び続ける力（使命感や責任感，教育的愛情），(2)専門職としての高度な知識・技能（①教科や教職に関する高度な専門的知識（グローバル化，情報化，特別支援教育など新たな課題に対応できる知識・技能を含む），②新たな学びを展開できる実践的指導力（基礎的・基本的な知識・技能の習得に加えて思考力・判断力・表現力等を育成するため，知識・技能を活用する学習活動や課題探究型の学習，協働的学びなどをデザインできる指導力），③教科指導，生徒指導，学級経営等を的確に実践できる力，(3)総合的な人間力（豊かな人間性や社会性，コミュニケーション力，

第2章 教師教育の質保証と職能開発

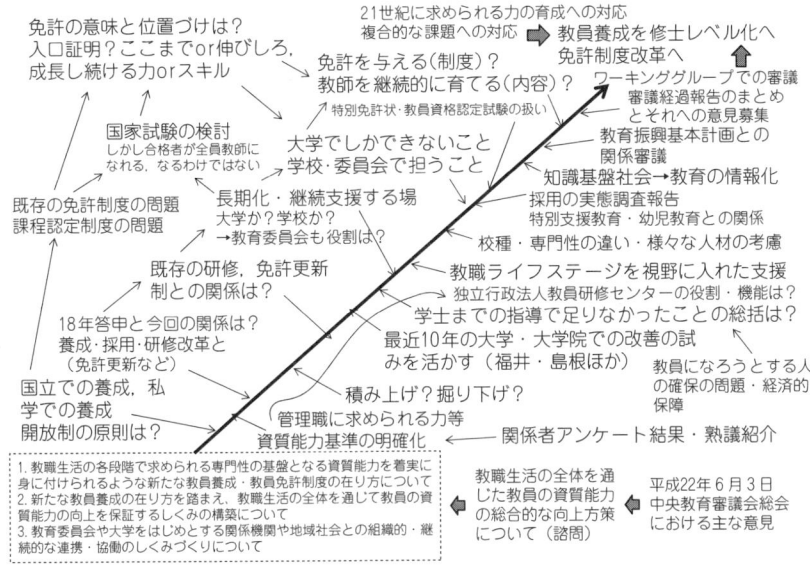

図2-2 中央教育審議会教員の資質能力向上 特別部会委員会審議の経過

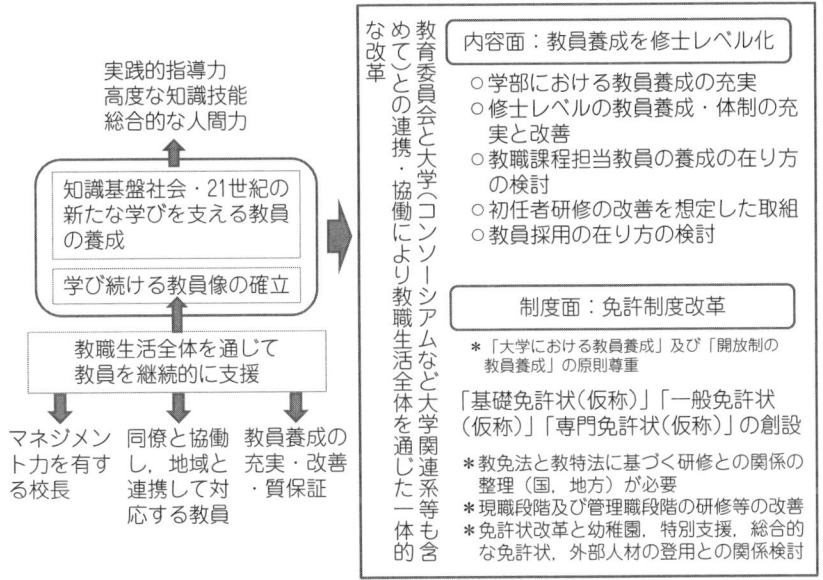

図2-3 教職生活全体を通じた教員の資質能力の総合的な向上方策について
（基本制度ワーワーキンググループ報告）の概要

同僚とチームで対応する力，地域や社会の多様な組織等と連携・協働できる力）。

　続いて，それに向けて当面の課題を克服していくために，教員養成の取り組みの改革として，<u>(1)教員養成を修士レベル化し，教員を高度専門職業人として明確に位置付ける</u>，ことが掲げられ，次にそれを具体化する制度改革としては，<u>(2)教員免許制度の改革</u>の方向性，が掲げられた。

　最後に，上記2つのことを実現していくための改善方策として，<u>教育委員会・学校と大学の連携・協働による高度化へ向けた取り組み，その仕組みや仕掛けづくり</u>について具体的な視点が示された。

　以上，2012（平成24）年までの日本における教師教育政策の最近の動きを俯瞰することを通じて，教員養成の質保証と職能開発に向けて，日本が教師の専門性としてどのような面に関心を向けているか（3つの専門性），それを担保するためにどのような制度改革をしようとしているか（免許制度改革），また実行するための組織づくりや仕掛けをどのように進めようとしているか（教育委員会，学校，大学，コンソーシアムなど大学関連系等も含めた連携・協働による教職生活全体を通じて職能開発支援を行う仕組みや仕掛けづくり）を検討してきた。

　次に，現在国際的には，どのような動きがあるのか，それらを次に検討することで，教員養成の質保証と職能開発についてより理解を深めていく。

2　諸外国における教師教育改革の動き

　ここでは，学部から大学院の教育課程の効果的な連携に関わって広い視野を得るために，まず欧州連合による高等教育改革であるボローニア・プロセスの展開とその効果や課題に関わって，現在明らかになりつつあることについて考える。そして，その次に国レベルの取り組みとして米国の教師教育の取り組みを取り上げ，その動きについて理解を深める。

第2章　教師教育の質保証と職能開発

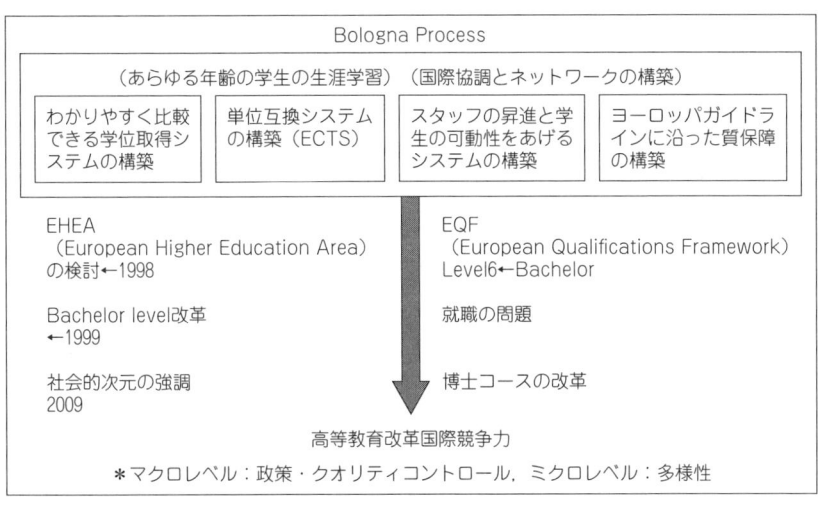

図2-4　ボローニア・プロセスの動き

2.1　欧州ボローニア・プロセスの展開と取り組み課題の概要

　欧州の国々の高等教育は，国を越えた行き来が容易である。しかし以前は，高等教育のシステムがそれぞれ独自であり，欧州として組織的に「高度に創造的で革新的な知識の欧州」をめざしていくには様々な課題に直面していた。そこで，図2-4に示しているような，卒業生が国を越えて移動が自由にできることを可能にし，就職率を上げ，就業とも関わる生涯学習支援をしていく政策を考えるに至ってきた。

　その一つが，3つの学位レベル（学士，修士，博士）に共通の構造を構築していくこと，共通の履修単位をカウントするシステムを構築すること，単位互換システム（ECTS）を構築することなどを掲げた，ボローニア・プロセスと呼ばれる高等教育改革であった（Bologna Declaration 1999）。フィンランドなど，以前からこのボローニア・プロセスの学位取得（学士3年，修士2年，そして博士）の考え方に近い国は，2006年から試行をはじめ（小柳，2007），その他の参加欧州諸国は，2010年までにシステムとしての移行の完成をめざしてきた。

　ボローニア・プロセスについては，その導入と関わって，また実際の移行の煩雑さと関わって，その問題性を指摘する声も多く見られた。しかしこの取り

組みを通じて(ボローニア・プロセスに即して),参加各国は,マクロレベルの政策として,高等教育にかなり強い,国レベルのイニシアチブを発揮し,その学習結果(Outcome base)に関心を向ける取り組みを行ってきた。そして,そこではその取り組みの結果が就職に活きる点をかなり考慮し,細分化された専門を深めていくカリキュラムから,むしろあらゆる現代的な課題に応用可能な生成的なカリキュラムに関心を向ける動きに至った。

Educational Research Journal は,この移行のある程度の完成を見た2010年に,どのような成果や問題があるのかを振り返り,現状把握に努めている(Kallioinen, 2010; Young, 2010)。

そこでは,マクロレベルでは,欧州の高等教育改革として,(1)求められる能力や内容領域の検討などを組織的に進めることができたこと,(2)博士課程コースの改革が進められたこと,(3)就職と関わって高等教育についてより戦略的な検討をするに至ったことなど,ある一定の成果を見せ始めていることが挙げられていた。しかしながら一方で,ミクロレベルでは,(1)入学者の文化・コミュニティレベルの問題へさらなる考慮の必要性,(2)汎用性のある能力を育成する履修内容や就職との関わりを強く意識化したカリキュラムの構築に進んだため,専門性を伸ばすプログラムが組みにくくなっているなど,多様な問題をはらんでいることが指摘されていた。

本章は,教職教育の質保証と職能開発と関わって,教育系の学部・大学院の効果的な連携の課題にも関心を向けているが,すでに,このボローニア・プロセスの取り組みから専門性の高度化の意味や成果や諸課題が見えてきつつあるといえる。もちろんボローニア・プロセスは,教育系の高等教育だけを対象にしているのではない。そのため,その意味や課題をそのまま取り入れるのは適切でないが,ある程度の示唆が得られると考えられる。

たとえば,ボローニア・プロセスでは,現在,(1)「与える」プログラムから「獲得できる」プログラムへ,(2)積み上げ式カリキュラム・教育方法から課題掘り下げ型・螺旋的学習方法の導入へ,(3)フォーマルな学習環境デザインだけでなく,フォーマル・ノンフォーマル・インフォーマルな学習の効果的なデザインの考慮へ,などが,検討課題として挙げられている。

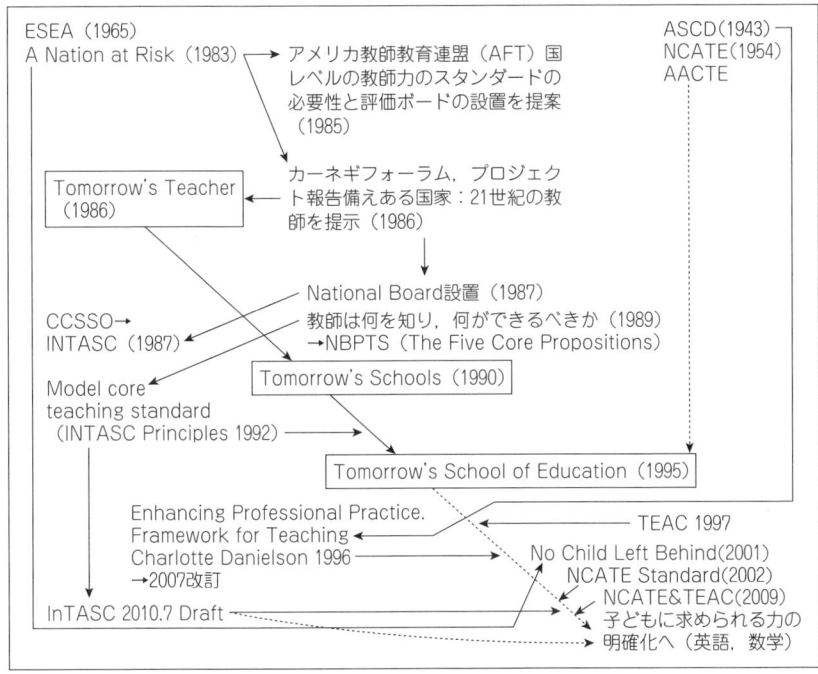

図2-5 米国の教師教育改革の動きの概要

これらの課題に対して，ボローニア・プロセス参加国，その教育系の高等教育がどのような具体的な課題に即して，取り組みを試行したり，運用を開始したりしているか，など，その実際をより詳細に調べていくことが，今後，日本での，この課題を考えていくうえでも有効と考えられる。

2.2 米国の教師教育改革の取り組みの概要

米国では，1965年からESEA (Elementary and Secondary Education Act) などの学校の教育力に関する調査の結果を受けて，教育改革を試みてきた。そして1970年代は教育目標・教授行動の明確化を進め，教育方法の改善をめざす取り組みなどが行われてきた。

しかしながら1983年に出された"Nation at Risk"に端を発し，学校の改革をめざすには，普遍的に妥当する教育方法の改善を考えるだけでなく，子どもの

様子や状況を見て実際にそれを行使する「教師の力」それ自体に着目することが課題となった。そして1980年後半以降，教師に求められる資質能力を知識ベース，パフォーマンスベースで，その明確化を試みる動きへ移行し，現在に至ってきた。

それが具体化されてくるきっかけは，1986年のカーネギーフォーラムで出された「備えある国家：21世紀の教師」というレポート，Holmes Group が1986年に出した「明日の教師（Tomorrow's Teacher）」，1989年に the American Association of Colleges for Teacher Education（AACTE）が *The Knowledge Base for the Beginning Teacher* を出版したことなどであったことが指摘されている（図2-5参照）。

これらが教師としての資質能力を明確にする一つの方向性を提示し，「教師が何を知り，なぜそれを知る必要があるのか」について丁寧な論議する基礎を作った。その後，このような教師の知識やパフォーマンスを問題にする論議は，*The Handbook of Research on Teaching* の第4版，また *The Handbook of Research on Teacher Education* の第3版などに引き継がれ，National Board for Professional Teaching Standards（NBPTS）や the Interstate New Teacher Assessment and Support Consortium（INTASC），さらに各教科指導と関わる専門学会によって，教職専門的な実践を知識ベースでコード化し，実践家としての仕事のスタンダードを明示する活動へ引き継がれていった。

米国では，基本的に州の教育委員会から「求められる教員の資質能力」が明示され，養成を行う大学などの教育機関がそれを参照し，その要件を取り込みながら養成カリキュラムを編成する傾向が見られる。その際，州を越えても有能な教員が確保できるように，州間で合意形成されている INTASC Principles が強く意識されている。また，このような背景から州の教育委員会が定めている資質能力基準は INTASC と整合性がつくように定められていることが多い。したがって，大学の教員養成カリキュラムも，目標として，その大学が所属している州で決められた資質能力基準と INTASC を参照し，それとの対応や整合性を意識して（視覚化して）定めているところが多い。

なお多くの大学は，その資質能力を育てるための科目の選択と決定，配列に

第2章　教師教育の質保証と職能開発

表2-2　教員に求められる資質能力項目の変化

INTASC(1992)	InTASC(2010)
① 教育学的内容知識	Standard #1：（学習者の発達）
② 学習者の発達	Standard #2：（学習の差異）
③ 多様な学習者	Standard #3：（学習環境）
④ 複数の教育方略	Standard #4：（内容知識）
⑤ 動機づけおよび学級経営	Standard #5：（内容を革新的に応用）
⑥ コミュニケーションおよび情報技術	Standard #6：（アセスメント）
⑦ プランニング	Standard #7：（授業の設計）
⑧ 評　　価	Standard #8：（授業のストラテジー）
⑨ 内省的（反省的）な実践	Standard #9：（リフレクションと継続的な成長）
⑩ 学校及び地域社会参加	Standard #10：（協働）

ついてNCATE（The National Council for Accreditation of Teacher Education）による査定を経て，教員養成を行うカリキュラムとしての信認（第三者評価的な立場にある専門家集団による設置認可；Accreditation）を得ている。そして展開されているカリキュラムが良質であることを内外に示すように努めている（NCATEはAACTE; American Association of Colleges for Teacher Education他，4つの関連専門団体が関わって組織されている。また同様な教員養成を行うカリキュラムをもつ大学として信認を出すもう一つの有力な機関であるThe Teacher Education Accreditation Council（TEAC）と審査基準項目の調整などを行っている。しかし近年は，協力してプログラム評価を行う動き（一本化）があり，それが2009年から本格化してきている）。

なお州を越えて教師に必要とされる資質能力のスタンダードを保証する基準として1992年に明らかにされたINTASC Principleは，経験のある教師に関わって定められたNBPTSの5つのCore Propositionを参考に作られたものであったが，2010年7月に，子どもたちの学習環境の変化などに対応していくために，次の点と関わって，改定案が出された（表2-2）。

(1)項目の順番入れ替え，(2)項目の加筆修正，(3)指標の順番入れ替えと加筆修正（「知識（Knowledge）」「ディスポジション（Disposition）」「パフォーマンス（Performance）」の順番記述から「パフォーマンス（Performance）」「本質的な知識（Essential Knowledge）」「クリティカル・ディスポジション（Critical Disposition）」へ）。

また新任に求められる力に限定せず，NBPTS Core Proposition（① Theory

for Practice；実践に必要とされるものの理論を学ぶこと，と② Theory in Practice；実践のなかで経験を通して構築される理論，とを止揚する，③ Theory of Practice；実践のための理論と実践のなかで見出された理論をつなぐ理論を獲得し，また構成し，それを学校の同僚や地域へ広げていくことが求められている）につなげていく考えが出されている。つまり Interstate New Teacher Assessment and Support Consortium（INTASC）model standards から，現職の大学院での教育も視野に入れて Interstate Teacher Assessment and Support Consortium（InTASC）に変更されている（CCSSO, 2010）。

このように，米国にみる国レベルの教師教育改革の動きは，(1)教師の指導力の体系化と関わっていろいろな団体や組織からそれぞれの基準を組み合わせて(相互の基準を尊重しながら)，州がまた各大学がその質保障を明示していくこと，また(2)それが養成から現職教育・研修につながっていく視点をより強化していること，さらに(3)知識ベースからパフォーマンスベースへ，(4)教育学的内容知識重視から学習者理解重視への力点移行の動きも読み取れる。

以上，米国の各大学は，質保証と関わる基準をおさえながらも，先の節で述べたボローニア・プロセスのように，学士3年＋修士2年といった制度的な変革，またそれに即した単位互換的な統一化に向かう動きとは別に，多様な展開を維持している。すなわち，教育学部として教員養成を学士レベルからしているところもあれば，4年の専門学部での学士取得と平行に教員免許の取得コースを入れているところもある。また4年の専門学部での学士取得の後に，教員養成を載せている形式もあれば，教育学の修士号の取得と併せて教員養成を行っているところ，学士と修士を連続させて教員養成を行っていることもある，さらに履修の場として指定された学校での勤務を通じながら免許の取得を行う，など多様な形式をとっている。

これは，よく報告されているように，米国の場合，教員になった後，その離職率も多く，教員確保とも関わって柔軟な履修の形態がとられている事情もある。したがって履修における質の保証と関わって，方法が柔軟な分，ポートフォリオを用いた丁寧な履修指導など，基準に即した指導を確かに行い，その成果を上げていることを示す取り組みなどが重視されている（吉村・小柳，2006；

佐藤，2008；大野，2010）。このように，学部から大学院の教育課程の効果的な連携に関わっては，共通に参照する質保証の基準を尊重し，意識しつつも，運用形態は多様な教育課程や柔軟な制度的枠組みをとり，Outcome に力点を置く取り組みであると言える。

3　教員養成の質保証と職能開発を検討していくために

　以上これまで，教職教育の質保証と職能開発と関わって，国内外の最近の教師教育改革の動きを見てきた。
　まず日本の現在の取り組みの方向性は，免許制度の改革とも関連し，教員のライフステージを見通して，大学だけでなく，教育委員会・学校・大学間・関連組織で教員養成の質保証と職能成長を各適切な時期に考えていこうとする動きであることを確認してきた（教員養成の長期化，ただし免許制度改革・研修ともリンクさせる改革）。一方，国を越えた大学間連携によるカリキュラムデザインに力点が置かれているボローニア・プロセスの取り組みからは，組織的な教育力に向けた制度改革として，学士を通過学位的にも位置付ける学士・修士の連続カリキュラム，単位互換制度の導入，カウント方法の明確化などが進められていたことをおさえてきた（国際協調と学位認定に関わる制度改革）。
　また米国の教師教育改革の取り組みからは，免許制度や学位認定に関わる制度改革などは行わず，職能成長モデルを意識した取り組み（NBPTS と INTASC の接続など），それに基づく学部・大学院のカリキュラムの柔軟な編成による教員養成の質保証と職能開発への取り組み姿勢が読み取れた（資質能力の明確化，及び Outcome と関わる支援体制づくり）。
　最後の米国のような職能開発支援と関連付けられた資質能力の明確化の試みは，今回の改革の動きのなかで，日本でも国レベルの取り組みも視野に入れながら，各養成・研修の場で，それを明確にしながら進めていくことがより強く打ち出されてきている。また他国でも，その国の考え方によるが進められてきている。
　たとえば，表 2-3 は，教師になるために必要とされている態度・知識・ス

第1部 教師に求められる専門性と力量に関する論議のコンテキスト

表2-3 各国の教員になるために求められる資質能力基準

米 国	英国(イングランド)		豪州(aitsl)		ドイツ
①学習者の発達	授業力	①子どもを喚起する高い期待を持つ	専門知識	①子どもまた彼らがどのように学ぶかを知る	②授業設計と遂行
①学習の差異		①子どもの成長を促し結果を導ける		③内容とその教え方を知る	②効果的な指導法
①学習環境		③教科指導やカリキュラムの知識を持つ	専門的実践力	②効果的な授業の計画と遂行	①学習活動支援
③教育学的内容知識		②よく練られた授業の明確と遂行		①支援的で安全な学習環境を作り維持する	①差異の理解と個別対応
③内容を革新的に応用		①あらゆる子どもの長所とニーズに応じた指導ができる		②評価情報を集め、フィードバックを提供し、子ども学習状況を報告する	①規範と自立性
②アセスメント		②アセスメントの正確で生産的な活用	職能開発	④専門性を耕す学びに関与する	①学級経営・児童生徒指導
②授業の設計		①優れて安全な学習環境を運営できる		④同僚・保護者・地域に専門性を持って関わる	①ニーズ・前提把握、相談、特別支援
②授業のストラテジー		④幅広い専門的責任を果たせる			②評 価
④リフレクションと継続的な成長	人的専門的行為	学校内外での専門性や倫理観などへの信頼			④職能成長1：業務の理解とストレス対策
④協 働		授業や勤務での信頼			④職能成長2：継続的な学び
		専門的責務の自覚			④学校経営・評価

キルとして公的に示されていることを表にまとめたものである。国ごとに，表現している言葉が少し異なるが，そこには①子ども理解系，②授業設計・評価系，③教科に関する知識理解系，④職能成長系（保護者・地域連携含む）が掲げられているのがわかる（①〜④の分類と番号付けは筆者が行っている）。

しかし，このような資質能力を明確にしたStandard baseによる柔軟なカリキュラム編成は，一見すると学習者の履修スタイルに応じた取り組みができるが，一方で各教育系の学部・大学院内で，この取り組みを行うための科目の配列・体系化や，指導教員による丁寧な履修指導が必要であることも示唆されている（米国の取り組みにその必要性が示唆されている）。つまりStandard baseの場合，Standardを構築して終わりという，Standard主義に陥らないようにする課題がここに示唆されていると言える。またOutcome（結果どのような力量形成につながっているかの確かめ）に向けて丁寧な取り組み，組織的な取り組みの必要性が示唆されていると言える。

　日本でも，第1節で述べたように，教育委員会や学校，大学間連携の点では，まだ十分ではない取り組み状況であると考えられる。しかし，ここ数年の改革の動きのなかで，各教員養成系の大学では，その力点や程度の違いはあるが，次のような取り組みをしてきたと考えられる。

　まず，いくつかの大学の試みで見られるが，教員養成改革の動き（質保証）のなかで，「資質能力目標の明確化に基づく教育課程編成：教員と学生が互いに各科目の関係を理解し，ゴールへの見通しをもつ取り組み」（第1の手立て）が挙げられる（カリキュラム・フレームワークの構築と実施）。しかし，これは先に指摘したように，資質能力目標の明確化に終わっている，あるいは，作成した目標が実質的なものとして機能していない場合も見られる。

　次は，「ＦＤ（ファカルティ・デベロップメント）による授業の改善（指導と評価の一体化や教職実践演習の設置に見られるように学生の成長に対応する指導）」（第2の手立て）への取り組みが挙げられる。第1の手立てのときは，教員が組織的に教育力を発揮していくことへより力点が注がれてきたが，この第2の手立ては，むしろ学生が履修を通してどのような力を身に付けたか，何が課題か，を振り返らせ，継続的（学期・学年ごとに）に省察させてゆくことへ関心が向けられた（教職実践演習の導入がその引き金となっている）。しかしながら，これはまだ始まったばかりであり，学生にしても，学んだことをただ表現すればいい，そこに示されている規準にさえ到達すればいいというやりっぱなしになるといった問題など，学びが受け身的になる問題性も指摘されている。一方で，指導する教員も，どのタイミングで誰が何をどのように指導していくかについて模索中であり，この点の問題性を指摘している声も聞かれる。

　さらに進んだ取り組みでは「履修の実質化を目指した学生の学習環境支援」に向かっている様子も見られる（第3の手立て）。これは，第1の手立てと第2の手立てとは少し異なる「学習論」により目を向けた取り組みであると言え

る。つまり，第1の手立てと第2の手立ては，先に述べたように視点や力点の違いはあるが，その共通することとして大学教員によるきめ細やかな学生指導（「指導論」）に目が向けられ，その精緻化をめざしていたことが挙げられる。しかし，この第3の手立ては，前2つの手立ての考え方の財産を活かし発展させるように努めながらも，学生の教師力の「涵養」に目を向けている。たとえば，教職に関するハンドブックのようなものを全員に持たせたり，サポートオフィス（一例）による相談業務や図書環境やメディア環境の整備（ラーニングコモンズ；Learning Commons の設置）など，個々の学生が手に取り使いやすい，学習環境支援（学習者にとって学びやすいもの，学びやすい環境への配慮）に関心を向けている点がその特徴として挙げられる。しかしながらこのような取り組みは，まだまれにしか見られない状況である。

　その次は，「学外の場で，学びの成果を活かす取り組み」が挙げられる（第4の手立て）。つまり第3の手立てまでは，「学内での学生の学びの改善」に目が向けられていた。しかしながら第4の手立てとして挙げられる取り組みは，むしろ，「学生は外から頼りにされるときに，自分の学びを整理し大学・大学院での学びを活用しようと努める。それも一人で行うというよりもチームで協働して行う（協働せざるを得ない状況設定）」という発想が入り込んでくる取り組みであると言える。このような取り組みは，まだ萌芽的であり，1大学内でも小さな規模で少し行われている状況（試行段階）であることがうかがえる。

　これは，今後の教員養成の高度化（4＋αの教育など）に対応していくために，習得したことを実践に照らして編み直させる（活用させる），その点に切り込んでいこうとしている取り組みである。さらに言えば，たとえば，修士と教職修士，及び学士の学生（専門と学習歴が異なる学生）などを，学校研究支援チームとして公立学校に派遣し，それぞれの専門性・学修の成果を活かした課題解決を図る力を育成するプログラム（モデルプログラム）の開発を行う。そしてこのプログラムを運用評価していくために，学校研究支援オフィス（一例）を設置し，そこを拠点に，学生個人そしてチームが公立学校の期待に応えるための調査・企画し，解決の戦略を練る組織を構築する。また，学生チームが取り組みの計画を練り，振り返りを行う学習環境を築いていくことをめざし

ている取り組みである。

　しかし，そのために(1)「地域の学校・教育委員会のニーズに応えていく取り組みが，学生の学部での学びと大学院での学びを結び付け，学びの質を変えていく」という発想に立ち，学部生・院生が学校の教員と協働的なアクションリサーチを遂行できる力を育成する「モデルプログラム」の開発と，(2)それを支援する組織としての「学校研究支援オフィス」の開設，そして(3)プログラムを効果的に遂行支援するための学習環境として「教育系ラーニングコモンズ」の設置という3点をモチーフとするプロジェクトが求められるだろう（小柳，2012）。

　この第4の手立ての試みは，第1から第3の手立ての財産を活かしつつも，教員による指導の洗練化だけでは教員養成の質の向上に限界が出てくる（指導を精緻化すればするほど，学生が受け身になる可能性，指導の精緻化や洗練化に向けてFDを進めれば進めるほど教員が疲弊してくる危機感）ことを考え，「学生の内側にやる気の灯をともし，個々の自信とチームによる成果を分かち合う，磨き合う原体験をさせる」試みであると言える。

　最後に第5の手立ては，まさに今後の課題となると予想されることである。第4の手立ては，先に述べたように，学習者ベース，協働論，学習の場を学内外で往還にすることへ目を向けた取り組みであると言える。しかしながら，この取り組みは，大学・大学院全体で行うには，かなりの難しさがある。したがって，スタート時には，学生の興味関心などに即しながら，選択幅を設け，参加した学生間の学びが全学に視覚化されるように努め，学びへのモラールを高めていくことに限定していく必要があるかもしれない。そして，このような機会を通じて，「汎用性のある力（たとえばチーム力，学び続ける力など）」を豊かに培い，さらに「専門性」を発揮する機会をより有効に機能させながら，後々，学生のモラールが高まり，学生間の異学年異専門の取り組みモデルや集団が継承される場合には，その後，大きな展開が可能かもしれない。

　そこで，学生自身が学ぶその流れを活かし，全体の学びの質保証に向けて，第5の手立てとして考えられるのが，「Outcomeを確認する試験内容の開発と評価の道具の開発」が挙げられる。

これは通常の各科目の定期テストとは異なり，ある学年末に，その学年次までに獲得して欲しい力を統一的に測る試験の開発・運用を意味している。このような第5の手立ては，学生にそれまでの学びを編み合わせる機会となる可能性もあり「実質化」に寄与する手立てとなる。もちろん，どのような力がその時点で求められ，それをどのように測るかが非常に重要であることは言うまでもない。子どもたちの学力として21世紀スキルが話題になっている。またそれを測定する取り組みとして，ATC21S（Assessment & Teaching of 21st-Century Skills）も動いている＊。このような力が子どもに求められるということは，その力を付けるために教員にも当然それが求められる可能性がある。したがって，このような動向も視野に入れながら，試験内容や問題も考えていくことが重要となるだろう。

＊http://atc21s.org/（2012年4月確認），その内容は，本書第4章を参照。

以上，日本の各大学ですでに試みられてきたこと，また今後動く可能性があるかもしれないことを挙げながら，教員養成の質保証と高度化に向けて学部と大学院でどのような連携指導を考えていくことが可能なのか，を検討してきた。これは，1大学の組織を越えて，教育委員会，学校，そして他大学や関連機関との連携を視野に入れた高度化を通じてむしろ可能となるのかもしれない。

このような，国を越えた連携した取り組み，他国での取り組み，日本国内での取り組みを視野に入れて，各大学自らがこれまでの財産を振り返り，そしてそれらを活かし，どのように学部から大学院にかけて効果的に教育指導体制の連携を図っていくか，その検討を行う基盤作りをしていく時期にきている。

引用・参考文献

大野裕己（2010）「世界の教育事情 徹底研究・『教員養成と教員資格制度』の各国事情（2）米国編（下）教員資格制度の改革と教員養成の変動」『週刊教育資料』（1122）（1252），22-23.

小柳和喜雄（2007）「フィンランドにおける教師教育改革の背景と現状，及びその特徴の明確化に関する研究——教職大学院のカリキュラム構築への示唆」『奈良教育大学紀要（人文・社会科学）』56(1)：193-203.

小柳和喜雄（2012）「大学・大学間の組織的教育力の向上に関する基礎研究——教員

養成の高度化に向けて」『奈良教育大学紀要（人文・社会科学）』61(1)：205-213.

木岡一明（2009）「日本における教員養成の高度化（［日本教育制度学会］第16回研究大会報告）」『教育制度学研究』16：46-51.

佐藤仁（2008）「機関の多様性を尊重した専門分野別第三者評価の仕組み――米国における教員養成分野を事例に」『大学探究 1（琉球大学 大学評価センター・ジャーナル）』，13-23.

淵上克義・佐藤博志・北神正行・熊谷愼之介（2009）『スクールリーダーの原点――学校組織を活かす教師の力』金子書房.

松木健一（2011）「教育職員免許状改革に関する2010年前後の動きと今後の展開――中教審教員の資質向上特別部会審議経過報告を中心に（教師として力量形成 生涯にわたるプロセスとその支援）」福井大学大学院教育学研究科教職開発専攻『教師教育研究』4：105-113.

横須賀薫（2006）『教員養成――これまでこれから』ジアース教育新社.

吉村雅仁・小柳和喜雄（2006）「米国における専門職大学院とPDSの連携について――4つの大学院とNCPDSでの調査結果を中心に（教育新時代をめざして）」『教科教育学研究』24：117-130.

Bologna Declaration (1999) The European Higher Education Area. The Bologna Declaration of 19 June 1999, Joint Declaration of the European Ministers of Education.

CCSSO's Interstate Teacher Assessment and Support Consortium (InTASC) (2010) Model Core Teaching Standards: A Resource for State Dialogue.

Griffin, P., McGaw, B., and Care, E. (ed.) (2012) *Assessment and Teaching of 21st Century Skills,* Dordrecht, Heidelberg, London, New York: Springer.

Kallioinen, O. (2010) Defining and Comparing Generic Competences in Higher Education, *Educational Research Journal,* 9 (1): 56-68.

Young, M. (2010) Alternative Educational Futures for a Knowledge Society, *Educational Research Journal,* 9 (1): 1-11.

（小柳和喜雄）

第2部
教師に求められる専門性と力量のエレメント

第3章
教師の専門性としての子ども理解

　授業研究会後，研究会に参加した研究者，大学院生，あるいは現場の教師も含めて交流，会食をすることがある。そこでは，なぜあの子が涙したのか，なぜあの子はあんなに荒れているのか，なぜ黙ってしまったのかなど，現場の困難さや愚痴も含めて，参加者が子どもの姿を本音で語り合っていた。院生時代にたくさんの授業研究に参加させてもらった私にとってその交流が，一番の子ども理解の現場であったように思う。
　効率化と多忙化が進んでいく教育現場でじっくり子ども理解を深める時間が削られていっているという。教員養成課程においても同様である。形式的な実践的指導力が強調され，現場にでるチャンスは増えているかもしれないが，現場での経験が子ども理解を深める方向で進んでいるだろうか。ここでは，子ども理解が今こそ重要になっていること，学問的にも追及されつつあることを見ていきたい。

1　教師の専門性としての子ども理解とは

　「子ども理解」という言葉には様々な意味が込められている。子どもを理解するというとき，子どもの何を理解するか，どのように理解するか，といった内容や方法も含まれており，これまでも子ども理解の視点や方法として議論されてきている。また，実践的には，子どもを摑むとか，子どもをとらえるとも言われ，科学的，客観的には表現することが難しい教師の勘やコツの領域にも踏み込む。
　津守真は，いろいろの人のところに立ち寄って歩き回ってばかりいるS子を，ただ「落ち着きがない子」と理解するのではなく，「この子どもは何かをしている他の人のところに行き，のぞきこんでいる。それにたいして誰も振り向かない。みんなの中にいながら，この子どもは誰にもかまわれない孤独を感

じているのかもしれない」と理解したと言う。そして次のように述べている。

> S子と私との間には，次第に明るく開ける関係が生じたのであるが，その出発点は，"落ち着きがない"という概念的な理解の仕方をやめ，子どものしていることをそのままに見ようとしたことにあった。理解の仕方がかわると，子どもと私との関係がかわる。
> （津守，1987：130）

以上のエピソードから，子ども理解ということが，教育実践においては，何かの理論や概念を用いて説明することではなく，子どものしていることをまるごと受けとめ，全体的にとらえることであり，それは，子どもと信頼関係を築く基礎であると言える。

上野ひろ美は，「子ども理解ということ」について，次のように述べている。

> 子どもをとらえるということは，子どもを説明することではない。子どもを知るというのは，単に親しむということでも観察することでもなくて，取り組むことである。子どもの表現を通してその子と取り組んでみて，子どもの発揮した力，内在していた可能性に触れ，それを見出すことである。
> （上野，1993：198）

教師の専門性としての子ども理解とは，まさに，「取り組むこと」である。子どもとのやりとりを通して，子どもの表現を認め，教師としてどのようにそれを意味付け，実践的な可能性を見出すかといった作業である。ときには，教師としての自らの見方や枠組みをも疑い，再構築していく作業である。つまり，子ども理解は，教師自身の自己理解と自己変革であるとも言える。

また上野は，続けて次のように述べている。

> 応答関係のなかでこそ子どもが「見える」のだし，また子どもが変わるのは応答関係のなかで，なのである。
> （上野，1993：199）

教育実践においては，子どもを共感的に理解し，納得しただけでは「いまだその使命を果たしてはいない」のである。教師が子どもに示す要求は，子どもの日常的な要求と矛盾しぶつかり合う場面もある。その「緊張関係の中」で，「働きかける中で」子どもが理解できるのだし，次の援助の方向性が見えてくる。

ここでは，教師の専門性としての子ども理解が，どのような「取り組み」であるのかについて考察する。まず，都留文科大学における「子ども理解のカリキュラム」実践を手がかりに，子ども理解が教師（教師をめざす学生）の自己理解と援助者としての自己の形成であるということを明らかにする。そして，カナダにおける「ナラティヴ的探究」を，子ども理解の研究方法として位置付け，教師の専門性として子ども理解をとらえたときに，新たに浮かび上がってくる教師像に迫りたいと考える。

2 教師教育における「子ども理解のカリキュラム」
――都留文科大学の実践を手がかりに

2.1 教師教育における「子ども理解のカリキュラム」とは

子ども理解のカリキュラムとは，その構想を描き，都留文科大学において実践してきた田中孝彦によると，「文化・教科の学習指導・授業に関するカリキュラムと並び，相互補完的な関係をなす，教師教育のもう一つの柱」と述べられている。

子ども理解が，今，必要とされる背景として，田中孝彦は，子どもたちを取り巻く危機的状況と，それに対応しようとする教育改革，教員養成改革の間にズレが生じていることを論じている。子どもたちは，厳しい社会状況のなかで，傷つき，不安を抱えている。その状況は，子どもたちだけでなく，教師や学校，社会にも広がりつつある。このようななかで，なぜ子どもが不安定な姿を示すのかについて深く考えないまま，学校秩序に適応させるだけの生徒指導や道徳教育が強調され，表面的，形式的な実践的指導力の育成が強調される教育改革が進んでいる（田中孝彦，2009：1-13参照）。

第3章　教師の専門性としての子ども理解

　しかし，その一方で，困難を抱える子どもたちを支えようと働いている人々の実践や経験が蓄積されていることも事実である。近年，臨床教育学として，子ども理解を深め，福祉，医療や心理臨床，文化，教育，行政，労働，法律などの諸領域で子どもを支える発達援助職や教師の専門性を問い直そうとする動きが見られる。田中は，そうした教育領域だけでなく，隣接する諸科学の実践と研究のなかに蓄積されている成果の最良の部分を「子ども理解のカリキュラム」として取り込んで，教師教育の柱として打ち立てるべきだと述べている（田中孝彦，2012：82-84参照）。

2.2　実践的センスを育むカリキュラム

　都留文科大学で子ども理解のカリキュラムを学んだ卒業生，修了生へのインタビュー調査によると（影浦，2012：102-107），子ども理解のカリキュラムによって実践的感覚，判断力，センスを身に付けることができたと述べられている。たとえば次のような語りである。

　　その子の生活感情だとか昨日は楽しそうだったのに，今日はなんだかおかしいぞっていう，そういう風な思いがあるときに，……これは……聞かなきゃいけない感情だろうなとか，判断すること，そういうセンスっていうか，そういう判断するときに，一瞬で「何を根拠に判断したの？」って言われると，臨床教育学に学んできたことをもとにして判断したって思うところがいくつもある。……そういうふうに待とうと思う気持ちだったり，聴こうと思う気持ちだったりするのが生まれるのは，臨床教育学に学んだからかなって思います。……ある程度，子どもとの付き合いの上での指標が僕にはあるような，確実なぶれない基準を何か持っているというような自覚は，まだ若いのでないですけれども，「僕の判断基準はあるぞ」と，「そういう指標を持っているぞ」っていうのはあるので，それは，子どもを理解するというか，それができるというのが大きなことじゃないかなと思いますね。

表3-1　子ども理解のカリキュラムの構造

	学習形態	学習の概要	ねらい・内容
1	講義を通しての学習	臨床教育学の構想の提示	子どもへの関心を明確化していく学習・研究を支えようとするもの。
2	実習的学習	学校現場で困難を抱える子どもと関わる活動	参加学生，現職教師，大学教員がともに成長していけるような取り組みを目指す。
3	カンファレンス的学習	子ども体験の言語化	活動で感じた感覚や情動・感情を子ども理解のカンファレンスの場で，表現し，聴きとられ，反芻し，言語化していくような学習を支えようとするもの。
4	調査的学習	子どもの生活表現の読みとりと，子どもへの聴きとり調査	子どもの生活史・生育史をたどりなおし，子ども理解を深め，援助的教育的な実践を構想してみるような学習を支えようとするもの。
5	ゼミナール的学習	文献購読による概念の共有	出会った子どもや学習者の内部に湧いてきた感情や思考をより深く本質的に理解し，子ども理解に必要な基本的な概念（母観念）を共有する。
6	作品化的学習	論文執筆による子ども理解の直観力，実践の構想力の形成	学習者が自分の生活史・成育史・実践史をふり返り，人間としての生き方と教師の課題を熟慮し，論文という作品として自らの子ども理解と実践の思想を深める。学習者の研究したい問題を，時間をかけて聴きとり，学習者同士が他者理解を深めつつ，問題関心と研究テーマ・方法・対象・概念を明確にしていく過程を支えようとするもの。共同研究的性質。

　子ども理解のカリキュラムが，現場で子どもと向かい合うときに，次の対応を構想する直観力，センスとして生かされていること，あるいは，それが教師，援助者としての自信にもつながっていると考えられる。

2.3　子ども理解のカリキュラムの構造

　では，子ども理解のカリキュラムとはどのようなカリキュラムなのだろうか。
　その構造を，表3-1に表した。子ども理解のカリキュラムは，大学4年間，あるいは修士2年間の課程を通して，相互に循環，浸透しあう6層から成り立っている。

2.4　カンファレンス的学習の重要性

　子ども理解のカリキュラムにおいて，重要な位置を示しているのが，第3層

のカンファレンス的学習である。カンファレンス的学習とは，現場体験をもとに，自らの感じた感覚や感情をケース・カンファレンス（子ども理解のカンファレンス）の場で言語化し，他者に聴きとられながら反芻する学習である。

カンファレンスにおいて，報告者は，子どもへの否定的な感情を含めて，自分の感情の揺れに気付き，それを表現し共有されることによる自己理解を通して，援助者としての自己へと成長していく。報告者だけでなく，参加者一人ひとりも，そういう見方があったのかとかと，子どもの思いや生活感覚に目を向けることで，子ども理解を深めていく。また，カンファレンスそのものの体験を通して，子どもを援助する援助者同士の支えあいや共同の重要性も実感している（田中・筒井・森，2011：186-189）。

田中孝彦によると，子ども理解のカンファレンスは，「子ども観や指導観の形式的な一致だけを目指しておこなわれるものではない」という。「一人ひとりの教師がほかのすべての教師がそうではないといっても，私にはこの子がこう感じられる，こう理解できるという，個性的な理解をはっきりさせていく場でもなければならない」のであって，それは，「共通理解と個性的理解とを同時に深めていく，そうした子ども理解の場」なのである（田中孝彦，2009：131）。

近年，実践的指導力の育成が強化されるなかで，教員養成大学において，カリキュラムのなかに，教育実習以外に，現場での様々な体験的科目が組み込まれている。しかし，それらの多くは，体験的科目が，カリキュラム全体のなかにどう位置付けられているのか，また体験がどのような形で省察され，教員としての力量形成につながっていくのかが十分とは言えない状況であると指摘されている（日本教育大学協会，2006：189）。

そのようななかで，子ども理解のカリキュラムでは，現場における体験活動，経験が，「子ども理解」という問題を中心として，4年間，2年間の課程のなかで系統的に位置付けられており，なおかつ，現場体験後の省察が，ケース・カンファレンスという形で深まっていることは注目に値すると言える。

2.5 学生・実践者の自己を支えるカリキュラム

もう一つの特徴は，このカリキュラム全体が学習者の自己を支え，育む形で

構成されていることである。表3-1に，ねらい・内容と示した部分で，学習者を「支えるもの」という表現が多く見られる。このことは，子ども理解を通して，援助者としての学習者の自己を支え，育もうとするカリキュラムであるとも言える。

そうだとすると，子ども理解のカリキュラムは，学習者である，学生や院生，現職教員らが不安や悩みを，様々な子ども体験（教育現場での体験や自らの子ども時代の体験，感情）を手がかりに，振り返りながら，援助者としての自己として意味付けていく作業にも思える。そして，その作業を行っていくためには，聴き合う関係や何でも言い合える安心・安全が保障されている必要があると言えるだろう。

2.6 子ども理解のカリキュラムの課題

子ども理解のカリキュラムは，子ども理解を核として，現場での体験やカンファレンスを通して援助者としての自己を育み，最終的には，論文執筆によって実践的センス，直観力を育成していくカリキュラムであると言える。このカリキュラムを実施していくうえで課題として指摘されているのが，カンファレンスに参加したり，論文執筆において子ども理解のセンスを磨いていくその過程に伴走する大学や大学院の教師教育担当者（Teacher Educator）の質と，教師教育担当者集団の連携である。

教師教育担当者は，カンファレンスにおいて参加者が自由に意見を述べることができる安心・安全を保障したり，論文執筆において学習者の生活史や実践史を聴きとりながら研究テーマを明確にする作業に伴走したり，その果たす役割は非常に重要である。また，現場での有意義な体験を学生たちに保障しようとすると，その準備のための現場との関わりが重要になり，支える教師教育担当者の負担が増える。教師教育担当者一人ひとりが自らの実践を振り返り吟味する必要性と，そうした教師教育担当者集団が専門性を発揮しつつ連携していく体制づくりが必要だと言える。

3 子ども理解研究としてのナラティヴ的探究

3.1 ナラティヴ的探究とは

　ナラティヴ的探究とは，カナダにおいて，クランディニンらを中心に展開されている教育実践研究である。日本に積極的にナラティヴ的探究の翻訳紹介を行っている田中昌弥によると，「子どもや教師の学校での語りや行動の記録，教師自身による実践記録の記述を社会的・家庭的背景も視野に入れながら分析する」方法ということができる。

　それは，子どもの学力向上や教師の指導力向上をめざすものではなく，「子どもの実態に寄り添う教師たちがジレンマのなかで実践に取り組みながらアイデンティティを形成し，再構築する姿を共感的に探るもの」なのである（田中昌弥，2008：345-370参照）。

　つまり，子どもや教師の実態をまるごと受けとめ，ナラティヴ・アプローチを用いて，実践現場を共感的に理解しながら，研究分析する手法と言える。

3.2 ナラティヴ・アプローチとは

　ナラティヴ・アプローチとは，野口裕二によると，「ナラティヴ（語り，物語）という概念をてがかりにしてなんらかの現象に迫る方法」である（野口，2009：ⅱ）。

　ナラティヴとは，出来事の時間的順序を伝えるものであり（時間性），語り手の意図や意外性といった意味を伝える可能性を含んでおり（意味性），具体的な誰かに向って語られるものである（社会性）。したがって，ナラティヴは，「単なる不完全なデータではない」のであって，「なんらかの社会的現象やなんらかの社会的事実を考察するうえで決して無視することのできない重要な要素」なのである（野口，2009：9-11）。これまでの教育学研究であれば，理論構築においてノイズとされてきた子どもの本音や教師の苦悩といったナラティヴこそ，現実を表すものとしてまるごと受けとめるべき重要な要素なのである。

　そうであれば，これまでもライフストーリー研究やグランデッド・セオ

リー・アプローチなど，現場の人々が語ったことを対象にする研究はあった。従来の質的研究との違いは，単にナラティヴを分析対象とすることではなく，現場で起こっている出来事を，研究者自身も含めてナラティヴにとらえ，表現することで，そこで起こっている現象を明らかにしていこうとする点にあると言える。

そして，対立や問題を「解決すべきものではなく，理解すべきもの」としてとらえることに独自性がある。対立や問題は，客観的な原因だけから成り立っているのではなく，そこには，様々な物語が絡まりあっている。ナラティヴ・アプローチでは，「まず，それぞれの『物語』を互いに理解しあうことから始める」のであって，「ひとつの『正解』を発見することを目標にするのではなく，差異や多様性を『理解』すること，そこから『和解の物語』や『希望の物語』へとつながる道が見えてくる」のである（野口，2009：272-275）。

3.3 ナラティヴ的探究の研究方法

したがって，ナラティヴ的探究においても，「ジレンマ」や「葛藤」「衝突」そして，そこで生じる「緊張関係」が鍵になってくる。

ナラティヴ的探究の研究方法として，まず，現場で起こった出来事を研究者が記録した日誌や，その場に参加している子どもの作品や採取した資料，研究懇談の記録など，現場で綴られたものすべてがフィールド・テキストとなる。

そして，このフィールド・テキストは，共同研究者たちによって丹念に読まれ，話し合われて，新しい視点を加えられ，中間リサーチ・テキストとなる。

そして，最終的に，読者と想定される人々との対話をめざして，論文化，執筆したものがリサーチ・テキストとなる。

研究・分析の過程では，子ども，教師，家族，学校それぞれの「支えとするストーリー（stories to live by）」を発見し，それぞれのストーリーの衝突と緊張関係を理解していく。その過程で，対象とする人物たちの支えとするストーリーがどう変化し，転換し，中断されたかを理解していくのである。その際には，現場にいる子ども，教師だけでなく，フィールド・テキストを書いた研究者も，話し合いに参加している共同研究者も，それぞれ様々なストーリーをも

っているのであって，それらが複合的に絡まり合っていることにまで目を向ける。

　つまり，ナラティヴ的研究とは，教育実践における困難な状況において，研究者や現場の研究対象者をも含めた，参加者たちのストーリーを発見し，そこにあるストーリーの対立を紐解いていくプロセスを通して，新たな実践を構想する研究とも言えるだろう。

　したがって，ナラティヴ的探究によるリサーチ・テキストは，著者は明確ではない。すべてが共同執筆である。つまり，教育現場の物語は，完全に共同制作によって行われる。教師も研究者もすべて「ナラティヴ的探究者」なのだ。

　さらに，実践現場との相互作用のあり方（向き合い方）が重要になってくる。ナラティヴ的探究では，一つの理論をもとに現場を切るという発想はない。多様な声や多様な解釈を大切にしながら，それらを尊重しつつ，それぞれのストーリーを理解していくこと，理解しながらその関係を描き出すことに重点が置かれる。

3.4　共同でじっくり子ども理解をする仕掛け

　田中昌弥が，翻訳のあとがきで「問題行動と見えるものの背後にもじっくりとした成長の基盤にもその子のかけがえのない人生のストーリーがある」と述べているように，ナラティヴ的探究（研究の過程）には，じっくりと子どもを理解する仕掛けがあると考えられる（クランディニンほか，2011：308）。

　教師，子どもたち，親，管理職といった立場の違うナラティヴ的探究者たちが，関係的な探究を行う際の方法論的挑戦の一つとして，以下のように述べられている。

　　自分たち自身が多様な人々によって生きられ，語られている複合的なストーリーのただなかに生きていると考えていたので，わたしたちが挑戦したことの一つは，自分たちが注目したい瞬間をスローダウンすることができるようなフィールド・テキストの綴り方を見つけることだった。……わたしたちはまた，生きることの速度を落とすことができ，それゆえにわたしたちは生きることの契機を未来の時間と空間から見返したり，綴り直し

てみたりできるようなフィールド・テキストについても考えたかった。

(クランディニンほか，2011：61)

　カナダの教育現場でも日本と同様の成果主義と管理主義が浸透し，教育現場が多忙化され，効率が優先されているという。そのようななかで，ナラティヴ的探究では，子どもをじっくり見つめ，実践とじっくり向き合おうとするスローな教育実践を実現しようとする試みともとらえられる。

　また，二宮祐子も指摘しているように，ナラティヴ的探究が注目されるようになった背景には，「教師間の相互の学びあいを促進しようとする動きが活発になっているという情勢」があると考えられる（二宮，2010：37-52）。

　以上より，ナラティヴ的探究による研究を，「子ども理解」という点から見ると，教師の子ども理解，それらを研究しようとする研究者の子ども理解，教師理解，研究者同士の理解をつきあわせて，問題や対立を発見して，相互理解しあう作業と言える。つまり，子どもが支えとするストーリーと，教師が支えとするストーリー，それぞれのストーリーを理解しようとする研究者が支えとするストーリーの緊張関係を描き出した，子ども理解の共同制作ととらえることができるのではないだろうか。

　そして，ナラティヴ的探究における概念は，今も変化し続けている。それは，今日の社会の変化，教育の変化に合わせて，教師たちが新しい支えとするストーリーを必要としているからである。「神聖なストーリー」「表向きのストーリー」「秘密のストーリー」「脚色されたストーリー」など，支えとするストーリーとの対立や中断，変化を描く様々な概念が開発され続けている。

4　教育実践における子ども理解——応答的関係のなかでこそ

　ここまで，教師の専門性としての子ども理解という取り組みは，自己と向き合う作業であり，とても時間のかかることがわかる。また，教師の専門性としての子ども理解に着目していく過程では，ともに子どもを理解し合う，あるいは，ともに自己と向き合うプロセスで，語り合う共同制作者としての教師像も

浮かび上がってくる。

　では，教育実践の現場では，教師の専門性としての子ども理解は，どのように実践されていくのだろうか。

　先の都留文科大学の修了生のインタビューからも明らかであるが，それは，上野が指摘しているところの「子どもとの応答関係のなかで」実践されていく。

　ある保育所所長に乳児との関わり方の基本について話をうかがったときに，次のように語っていた。

　　もうひとつ，乳児とふれあうときに忘れてはならないのは，相手のペースです。つまり，子どもの個性や特徴，リズム，身体や認知の発達状況の違いを理解してかかわることです。排泄の移動を促すときに，「さぁおしっこいこう」と声をかけても，ある子はすぐに動き出すけれど，ある子は，なかなか反応がないという場合があります。

　　外遊びをしていて，そろそろ昼食だからとクラスの子どもたちに「お部屋に入ろう」と一斉に声をかけてもすんなり入ってくる子どももいれば，なかなか遊びを終えられない子どももいます。それは，乳児は，理解できないから一斉にやってもできないのでもなく，遊びを終えられない子が困った子なのでもなく，与えられた時間で，保育者が活動をどう組み立てるか次第なのです。

　　活動を組み立てるときに重要になってくるのが，一人ひとりの子どものタイプや特徴を生かしたかかわりです。たとえば，なかなか遊びを終えられないAくんには，一斉に声をかける前に「靴をなおしに行こうか」など，Aくんが遊びを終えるきっかけとなる言葉かけをしておくなどです。保育者は，一人ひとりの子どもの特徴をよく理解し，一人ひとりにあったかかわり，言葉かけって何だろうと日ごろからよく観察しておくことが必要です。

　おとなが考える枠組みで子どもを理解できない事態に陥ったときに，子どもの身体や認知の発達の状態を説明して，それを困難な状況の理由にするのでは

なく，おとなが子どもの今の状況を受けとめ，それにあわせて，活動を組み立てなおすことである。それは，実際に子どもと関わりながら，やりとりする関係のなかで，どのタイミングで，何を仕掛けていけばいいのかが見えてくる。その実践の構想力こそが，子ども理解の実践なのではないだろうか。

引用・参考文献

上野ひろ美（1993）『発達の「場」をつくる――まなざしで向かい合う保育』高文堂出版社．

影浦紀子（2012）「教員養成における実践的判断力・センスの育成とカリキュラム――都留文科大学における「子ども理解のカリキュラムをてがかりに」『臨床教育学の構築と教師の専門性　研究資料集Ⅲ（科研費共同研究（A）21243043）』，102-107．

クランディニン・D・ジーン／ヒューバー・ジャニス／オア・アン・マリー／ヒューバー・マリリン／ピアス・マーニ／マーフィー・ショーン／スティーブス・パム，田中昌弥訳（2011）『子どもと教師が紡ぐ多様なアイデンティティ――カナダの小学生が語るナラティブの世界』明石書店．

田中孝彦（2009）『子ども理解――臨床教育学の試み』岩波書店．

田中孝彦（2012）『子ども理解と自己理解』かもがわ出版．

田中孝彦・筒井潤子・森博俊（2011）「カンファレンス的学習のその意味について――「子ども理解」のカリキュラムと教師教育改革（その1）」『臨床教育学の構築と教師の専門性　研究資料集Ⅱ（科研費共同研究（A）21243043）．

田中昌弥（2008）「カナダにおける教師のアイデンティティ形成と日本の教師像のこれから――クランディニンの研究グループが拓くナラティヴな学校研究の検討を通して」田中孝彦・森博俊・庄井良信編著『想像現場の臨床教育学』明石書店，345-370．

津守真（1987）『子どもの世界をどうみるか――行為とその意味』NHKブックス．

二宮祐子（2010）「教育実践へのナラティヴ・アプローチ――クランディニンらの「ナラティヴ探究」を手がかりとして」東京学芸大学大学院連合学校教育学研究科社会系教育講座『学校教育学研究論集』第22号．

日本教育大学協会（2006）『教員養成カリキュラムの豊かな発展のために――〈体験〉―〈省察〉を基軸にした「モデル・コア・カリキュラム」の展開』．

野口裕二（2009）『ナラティヴ・アプローチ』勁草書房．

（影浦紀子）

第4章

カリキュラム編成・開発における教師の専門性

　　　　ここでは，教師の専門性として求められていることとして，カリキュラム開発に関する力に目を向けている。この力がなぜ重要となるのか，またその力の内実はどのようなものか，どのようにその力を身に付けていったらいいのか，さらに私たちの周りのメディア環境が変わるなかで，カリキュラム開発と関わる専門性としてさらにどのようなことが求められてきているのかについて考える。

1　教師の専門性として求められていること

　世界の様々な国で，教員の質，学習について考える新たな考え方（21世紀に求められる能力，スキルの形成を含む），職能開発を意識したプログラムの導入が，教員養成や現職研修で検討されてきている。

　たとえば，PISA の結果などから関心を集めたフィンランドでは，なぜそこで測られる学力が安定して高いのか，学校間格差が見られないのか，その理由を求める多くの国々の視察や調査が行われてきた。そのようななかで，国の歩みや文化的事情，1970年代からの教員養成の大きな方向転換に目が向けられてきた。そして，教員養成の質の高さ（社会として教員に対する信頼度が高いことからも来る入学時の学生の優秀さ，修士の学位を必修とするリサーチベースの教員養成ほか），そして教師の専門性としてカリキュラム開発ができること，そのための研究時間の確保が個人レベル，学校レベルで大切にされていることなどが挙げられている（小柳，2007；Sahlberg, 2010）。

　教員になるために修士の学位が求められることを定めている上記のフィンランドのような国々もあれば，21世紀に求められる事柄を意識しながら，多様なルートから最小限の教員養成で新しい方法を模索している国々もある。また求

められることに対応して新しいプログラムを遂行する新たな方法を考えていくうえで，政策と実践の関係をより柔軟に考えていこう，変えていこうとする国々もある。

しかしながらそのような多様な取り組みが行われている教師教育改革であるが，共通項は，①ヴィジョンの明確化と共有，②専門的な実践やその姿に関わる基準の洗練化，③教職専門に関わる核となるカリキュラムの設定，④実践経験の時間や場の拡張，⑤事例研究などを通じた教育方法の洗練化，⑥自分自身の信念など深く物事を他の人と共に考える機会の設定，⑦教師教育における学校・委員会と大学の組織的取り組みの強化，などが見いだされる（Darling-Hammond and Lieberman, 2012）。

国の教師教育の様々な取り組みを比較し検討している Hargreaves は，Fullan と共に，教育改革のキーとして，専門的資本（Professional Capital）という言葉を掲げ，教師，学校の専門性の尊重を，時間をかけて育てていくこと，それに向けた政策立案の重要性を指摘している（Hargreaves & Fullan 2012）。

彼らによれば，専門的資本は，人間的資本（Human Capital; HC）と社会的資本（Social Capital; SC），意思決定的資本（Decisional Capital; DC）の３つで構成され（HC は SC と関わらないとうまくいかず，DC がないと機能しないという関係），さらにこれを効果的に機能させるためには５つのＣが重要となることを指摘している（①能力あるいは専門知識（Capability），②関与（Commitment），③キャリア（Career），④文化（Culture），⑤教えることへの文脈と条件（Context or Conditions of teaching））。そして，Drake（2002）の研究を引用・参照しながら，５つのＣを機能させていくためには，中堅教員（８年目から24年）に着目してゆく必要があること，そして教員として実際に真に貢献できていくのは８年目以降であり，その前に若い教師を離職させるのは大きな教育的損失だけでなく，そこで育てる子どもに大きく影響していくため社会的損失となることを指摘している。

さらに Day & Gu（2010）の研究成果も引用しながら，教師を育て，学校の組織的教育力を挙げ，改革のエージェントとして期待していくためには，一律の研修プログラムを立てて一斉に行うよりも，各教師のキャリアステージでの

課題やその文脈，教員文化や地域に根差した学校ベースでの取り組み，学校を越えた専門的な学習組織の尊重，それを促進していく教師，学校・教育委員会，国や国際的な組織の支援体制の確立が重要であることが述べられている。

以上のように，複合的な出来事や，様々な状況変化への対応が求められる今日において，学校の組織的教育力，教員文化や地域に根差した学校ベースでの取り組み，学校を越えた専門的な学習組織の尊重が重要な課題となっていることがわかる。ここではとりわけ，先にも触れたようにフィンランドでも重視され，教師の専門性としてますます，個人レベルで磨く，また学校レベルで求められるカリキュラム開発，及びその評価に関わって述べていく。

2　教師の専門性とカリキュラム開発の力の関係

教師の専門性としてカリキュラム編成やカリキュラム開発に関する力，さらに言えば，スクールリーダーなどに求められるカリキュラム評価や学校改善と関わるカリキュラム・マネジメント，カリキュラム・リーダーシップが注目されて久しい（倉本，2003；中野，2004；中留，2005；天笠，2011）。

日本の教育職員免許法及び教育職員免許法施行規則においても「第六条　免許法別表第一に規定する幼稚園，小学校，中学校又は高等学校の教諭の普通免許状の授与を受ける場合の教職に関する科目の単位の修得方法」のなかで，「教育課程及び指導法に関する科目」の占める割合が非常に高いことは周知のとおりである。

このことは他の国でも共通しており，教師の専門性としてカリキュラム開発に関する知識等は重要視されている。たとえば，以下は米国の例であるが，教員免許の取得の要件として Educational Testing Service が作成し，全米の約82％の州が参加し，行われている The PEAXIS series を例に取り上げてみる。[*]

[*] http://www.ets.org/educator_licensure

The PEAXIS series Ⅱ (2) は，ラーニングとティーチングの原理（7-12学年の中等教育の教員免許の取得をめざす場合（Test Code 0624））に関するものであり，カリキュラム開発やその運用と関わる専門性の基礎を問う試験である。

70問の選択テスト（学習者としての生徒　21問，授業過程　21問，アセスメント　14問，職能開発・リーダーシップ・コミュニティ　14問）が用意され，さらに2つのケースを読み取ってそれと関わっての4問の記述テストが課されるものである。

　これらは大きく4つのカテゴリー（Ⅰ. 学習者としての生徒，Ⅱ. 授業過程，Ⅲ. アセスメント，Ⅳ. 職能開発，リーダーシップ，そしてコミュニティ）でカバーされるトピックを問うている。

Ⅰ. 学習者としての生徒
【生徒の発達と学習過程】
・生徒がどのように学ぶか理論的基底を理解している
・教育の基底となる理論の主要な貢献者を知っている
・様々な学習理論と関わる概念と専門用語を理解している
・人間発達における各領域（たとえば，認知，身体，社会，モラル）において，区別されているステージの特性を知っている
・学習理論と人間の発達が授業の過程でどのように影響するか（ぶつかるか）知っている

【様々な学習者としての生徒】
・多くの変数が，個々の生徒が学び，行為していることに影響していることを知っている
・特別なニーズ事項や生徒の学習に潜在的に及ぼしているその影響の領域を理解している
・教室実践で特別なニーズをもつ生徒と関わって，法的な対応の意味や処置について知っている
・特性，行動，知的に有能な生徒のニーズを認識できる
・言葉の獲得過程が第二言語習得者に影響を及ぼしていることを認識している
・教育過程の各局面で特別なニーズをもつ生徒が調整していけるための様々なアプローチを知っている

【生徒の動機付けと学習環境】

・教育に関する基底となる動機付け理論の理論家の主要な貢献を知っている
・授業，学習，学級経営のために基底となる動機付け理論がもつ意味を理解している
・学級経営のための原則と戦略を知っている
・生徒にやる気を促す様々な戦略を知っている

Ⅱ．授業過程
【授業計画】
・授業計画における地区・州・国のスタンダードやフレームワークの役割を理解している
・有力な教育理論の基礎的な概念の用い方を知っている
・スコープとシーケンスが授業計画にどのように影響するか知っている
・授業また各ユニットの目的に至る内容選択の方法を知っている
・認知，情動，精神運動領域において，観察でき測定できる授業の目的を明確にしていく方法を知っている
・より豊かな学習や補修学習を計画するニーズに気付き，そのための様々なリソースを明確にできている
・生徒の学習支援するリソースや材料の役割を理解している
・テーマまたは学際的な内容と関わって授業を作っていく仕方を知っている
・統合的な学習活動のデザインの方法を知っている
・リソースの選択の方法を知っている
・アセスメントのデザインの方法を知っている
・授業計画において授業のパートナーと協同するその役割を認識している

【授業戦略】
・学習と関わる認知過程を理解している
・様々な授業モデルの特徴を理解している
・各授業モデルと関連する様々な授業戦略を知っている
・複合的な認知過程を促進する様々な戦略を知っている
・生徒の学習を支援する様々な戦略を知っている

- 生徒の自己管理スキルの発達を促進する基礎的な戦略を知っている
- 学習のための異なるグループ構成のデザインを理解している
- 異なるグルーピングの技術と戦略の使用や意味を理解している
- 授業の目的を達成するための適切な戦略の仕方を知っている
- モニタリングの概念や生徒のフィードバック情報に授業を適応することを理解している
- 授業戦略の効果を振り返り、分析し、評価する目的を認識している
- 様々なタイプの記憶の特性や、授業計画と生徒の学習のその意味を知っている
- 授業における teachable moment（生徒がある話題やアイディアを理解していくタイミングや契機）の役割を認識している

【問いの技術】
- 効果的な問いの構成を知っている
- 問いの利用方法を知っている
- 生徒がそのアイディアを明確にすることを支援する戦略を知っている
- ハイレベルの思考を促進する方法を知っている
- ディスカッションのために安心と広場を促進する戦略を知っている

【コミュニケーション技術】
- 様々な言語的・非言語的コミュニケーションの様式を理解している
- 文化とジェンダーがどのようにコミュニケーションに影響を与えているか気付いている
- 学習環境を豊かにする様々なコミュニケーションの道具の用い方を知っている
- 効果的なリスニングの戦略を理解している

Ⅲ．アセスメント

【アセスメント評価戦略】
- 授業過程を知らせる際の公的・非公式的アセスメントの役割を理解している
- 様々なタイプのアセスメントの違いを理解している

・授業の目的と合う適切なアセスメントのフォーマットの作り方，選び方を知っている
・生徒のパフォーマンスを評価する様々なアセスメントの道具から，その選び方を知っている
・その背後にある合理性や，生徒の自己またピアアセスメントの利用を理解している
・様々なアセスメントフォーマットの用い方を知っている

【アセスメントの道具】
・標準化テストのタイプや目的を理解している
・目標準拠と集団（基準）準拠のスコアリングの違いを理解している
・テストやスコアリングに関わる専門用語を理解している
・全体的，また分析的スコアリングの違いを理解している
・アセスメントの結果の解釈の仕方や，生徒・保護者・学校関係者とその結果の意味を話し合う方法を知っている

Ⅳ．職能開発，リーダーシップ，そしてコミュニティ
・様々な職能開発の実践やリソースについて意識化している
・リサーチ，見方，アイディアの意味を理解し，ティーチングの実践を論議できる
・職能成長のための省察的実践の役割を理解している
・生徒・教師・家族を支援する学校支援員について意識している
・より大きなコミュニティのなかでの教育リーダーとしての，教師や学校の役割を理解している
・同僚・管理職・他の学校関係者・保護者・教育課程を支援するコミュニティとの協働的な関係を作っていく基礎的な戦略を知っている
・生徒や教師と関わる主要な法律や司法判断の意味を理解している

　ここで掲げられている項目は，日本の教職に関する科目でもその力の育成を同様に行っていると考えられる。しかしながら，ざっと見て，様々な科目でよ

く取り上げられている手厚い項目と，あまり触れられていない項目が仮にあるとすると，その点は，いったん俯瞰して米国のこのような標準テストの対象項目を参照するなかで，あらためてカリキュラムに関する自分の専門性の基礎として何が足りないかを見直す必要があるかもしれない。

3　カリキュラムという言葉とその考え方

　さて，ここまで本章ではカリキュラムという言葉を断りなく用いてきた。そこでいったんここで用いているカリキュラムという言葉を明確にしておきたい。カリキュラムは，英語の Curriculum をそのままカタカナ表記したもので，計画レベルだけでなく，実施レベル，結果レベルまで含むものである。後に触れるが，「潜在的なカリキュラム」など，結果レベルで影響を及ぼしている事柄に目を向けるなど，より取り扱う範囲が広いものである。一方，カリキュラムと似た言葉で，教育課程という言葉がある。これは教育行政用語であり，文部科学省の公式見解のなかでは，むしろ教育課程（カリキュラム）と記載されている*。

　　＊「学習指導要領とは何か」の項目参照（2012年4月確認）
　　　http://www.mext.go.jp/a_menu/shotou/new-cs/idea/1304372.htm

　教育課程は，(1)「学校の教育計画」であり，各学校で自ら編成するもの，(2)原則として事前に作られるものであること。また(3)戦前の「教科や学科中心」の学校教育（そのため戦前は「教科課程」「学科課程」という言葉が使われていた）に対して，「課外活動」と呼ばれたものも，正規の必修内容として位置付け「子ども主体の学習を指導する」意図を込めて「教育課程」ということが使われるようになったと言われている（柴田，2010）。

　ただし，学校で実際に行われている教育活動も，事前に計画をして行うが，実際に実施していくなかで，改善課題が見つかれば，それを修正して取り組みを行っている。また学校評価などでも，PDCA（Plan-Do-Check-Action；計画―実行―評価―改善）に関心が向けられ，推奨されている。そのため教育行政用語として教育課程という言葉が使われるが，本章では，その活動の実を取

って，カリキュラムという言葉を用いている。

このカリキュラム，つまり子どもたちに培いたい力を育成するための学校の教育計画等をめぐっては，これまでの多くの考え方が出されてきた（安彦，2007）。

たとえば，(1)教科カリキュラム（学問の体系を重んじ，系統化された「教科」「科目」内容からなる），(2)相関（関連）カリキュラム（2つ以上の教科・科目の関連ある部分を関連付けて考える；横断的な学習），(3)融合カリキュラム（教科内容の組織や配列にもっと手を加え，より広い観点から類似の教科間の統一，教材の統一性を図る；物理・化学・生物・地学→理科），(4)統合カリキュラム（異質の教科の統一を図る；生活科など），(5)広域（広領域）カリキュラム（教科・科目の代わりに，少数の大きな領域に内容をまとめて示すもの：幼稚園の5領域など），(6)コアカリキュラム（ある教科・活動を中核（Core）として重視し，他の教科・活動をその周辺に位置付けて比重を変える），(7)経験カリキュラム（子どもの経験，その時その場で価値ある経験を見つけてカリキュラム化），などである。

さらに言えば，教育課程と学力保障の関係から，履修原理に基づくもの（教育を受ける入り口の機会を保障すればよしとする考え）と修得原理に基づくもの（教育の結果まで見通して教育機会を実質的に保障すべきであるという考え）があるということも言われている（田中，2009）。

そのため，カリキュラム開発といっても，その対象は多様であることを理解しておく必要がある。

4　カリキュラムの編成と開発の方法

では，実際，どのようにカリキュラムの編成や開発を行っていったらいいのだろうか？　ここでは，2つの考えを用いながらその方法を紹介する。一つは，インストラクショナル・デザインの考え方に基づくものであり，もう一つは学習科学に基づくものである。

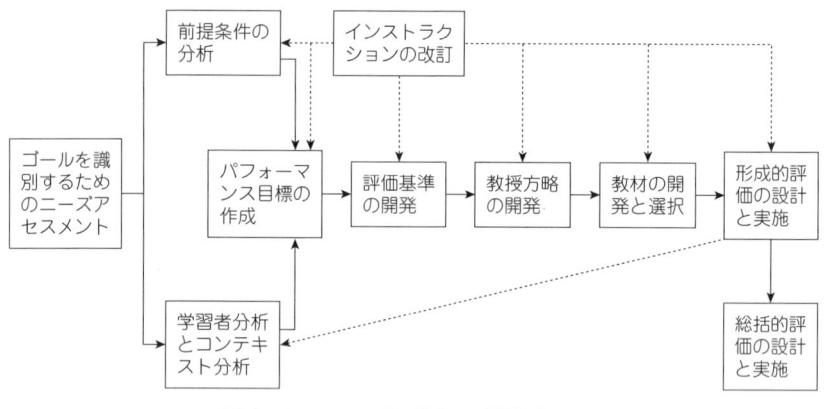

第 2 部　教師に求められる専門性と力量のエレメント

図 4 - 1　コースプログラムの開発プロセス

4.1　インストラクショナル・デザインを用いたカリキュラム開発

　図 4 - 1 は，米国でコースプログラムなどを開発する際によく参照されているモデルである（ディック／ケアリー／ケアリー，2004）。この本は，2008年ですでに第 7 版が出版され，非常によく参照されているものである。この本のなかには，図 4 - 1 のモデルに即して，丁寧にその開発プロセスが記されている。そこで，それをさらに，筆者なりに，私たちがよく行う単元の指導案を記す際に行っている点に近づけて24枚のカードに置き換えてモデル化したのが図 4 - 2 である。カリキュラム開発を進めていく際に，自分が現在進めている手続きと，図 4 - 2 を見比べてみて，もし欠けている点があるとすれば，それを見つめ直していくことが重要となる。また，手続きの順番に関わっても，自分の手続きと比べて考えてみるといいだろう。さらにこのような24枚のカードを作成し，同僚と研修のなかなどで，単元開発を進めていく際に実際にどのようなプロセスを経るかを，互いに話し合いながら並び替えてみるといい。それを通じて，単元開発，さらに言えば，本章がめざしているカリキュラム編成や開発について考えていく手続きについて，個人レベルで，学校レベルで考えるきっかけになると考えられる。

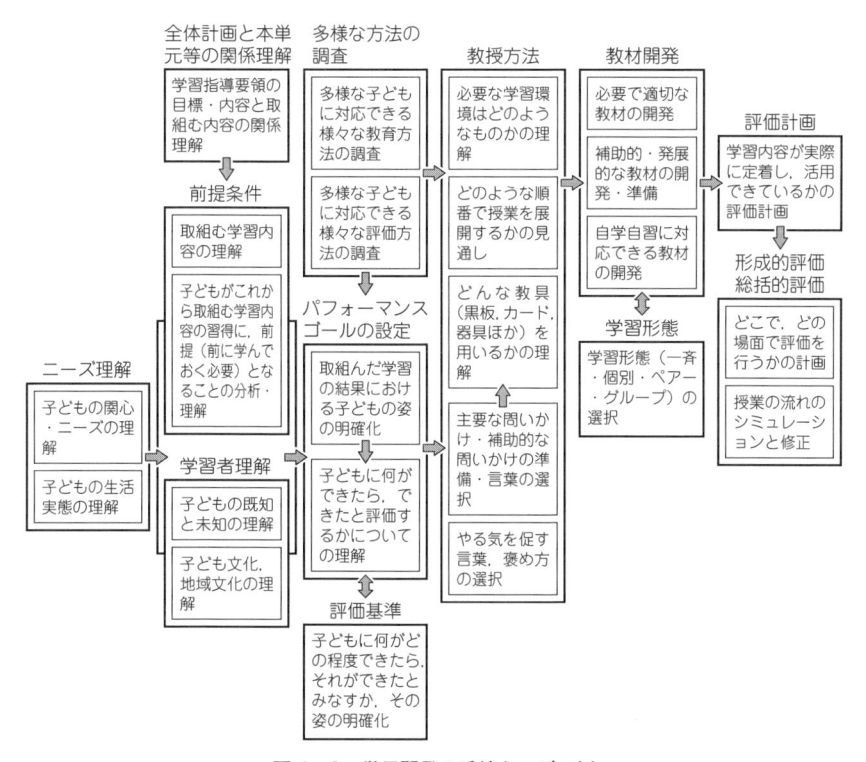

図4-2 単元開発の手続きモデル例

4.2　学習科学を参考にしたカリキュラム開発

　次に，もう一つは，学習科学が，「子どもはどのように学ぶのか？」という問いを下に，学習環境設定と授業のデザインについて述べていることを参考にカリキュラム開発について述べておく。

　Donovan と Bransford は，*How Students Learn*（2005）という本のなかで，子どもの学びを考えていく基本原理（教室における学びの原則）として次のことを取り上げている。①既有の知識や理解を子どもに想起させ，関連付けさせる，②子どもの理解を導く際に，事柄に関する知識と概念の枠組みとの関係をとらえる，③自分の学びのプロセスをモニターさせる，の3つである。

　そしてそのうえで，学習環境設定と授業のデザインについて，次の4つのレンズを通じて考えていくこと，言い換えるなら，カリキュラムを開発していく

際に出発点としておさえておく点について指摘している。

1つめは、学習者中心のレンズである。これは、子どもが何を考え知っているかと関わって、子どもの前概念に目を向け、授業を構想するという視点である。2つめは、知識中心のレンズである。これは、何が教えられるべきか、なぜそれは教えられるべきか、どのような姿が習得さ

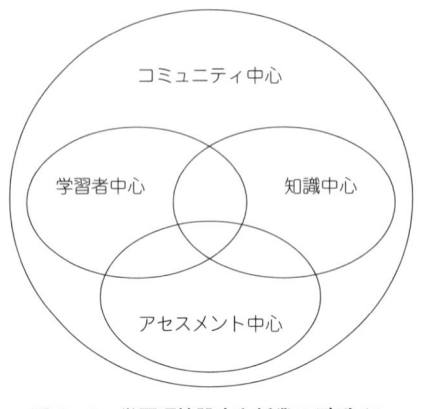

図4-3 学習環境設定と授業のデザイン

れた姿とみなされるのか、に目を向けるという視点である。3つめは、アセスメント中心のレンズである。これは、授業で、教師と子どもの両者をガイドする一つのものとして、子どもの思考や学習活動を視覚化する機会を頻繁に提供するという視点である。最後に4つ目は、コミュニティ中心のレンズである。これは、問いの文化（疑問を出し合う）、互いを尊重・尊敬する文化、チャレンジする文化を構築し、それを励ます視点である（図4-3参照）。

このような学習科学の知見に基づくカリキュラム開発は、上記のインストラクショナル・デザインとは少し異なる発想、つまり、「人が学ぶということはどういうことか」という発想から出発し、そこに力点を置いて進めることが可能となる（波多野・大浦・大島, 2006）。

さらに言えば、ここ最近、高等教育など中心に語られている Active Learning の考えや、プロジェクトによる学習（Case-Based Learning, Model-Based Reasoning, Problem-Based Learning, Project-Based Learning 等）を設計や開発する際には、インストラクショナル・デザインの知見と学習科学の知見を組み合わせていく取り組みなどが求められてくると言える。たとえば、学習者をやる気にさせる問いや課題の提示（Driving Question）→実際の文脈のなかで考えさせる（Situated Inquiry）→協同・協働的な活動の設定（Collaboration）→学習を支援するテクノロジの活用（Using Technology Tools to Support Learning）→成果物の表現の場の設定（Creation of Artifacts）といった行為の流れを意識したカリ

キュラム開発などである（Sawyer, 2006）。

　カリキュラム開発に関する専門性を磨いていく場合には，上記のような知見を学んでおくことは重要であると考えられる。

5　学習内容の増大・変化・複合性とカリキュラム

　最後に，ここでは，子どもたちの周りのメディア環境の変化のなかで，アクセスできる情報が広がり，変化してきている学習活動と，そこでのカリキュラム開発に関わって，そこで求められる教師の専門性について述べておく。

　周知のとおり，生活環境が変わり，それによって子どもも大きな影響を受けてきていると言われてすでに久しい。

　たとえば，仙田（2009）は，1970年代から継続的に子どもの遊び環境を調査し，その変化によって，子どもの運動能力，体力，意欲などが大きく影響を受けていることを指摘している。仙田は，子どもの「遊び時間」「遊び空間」「遊び方法」「遊び集団」などを要素として取り上げ，その影響関係を図で示し，男女差，農村と都市の差がそれぞれ縮小してきていることを指摘している。

　また，1980年代後半以降のテレビゲームの登場，1990年代後半からのインターネットの普及，2000年前後からの携帯電話の普及など，子どもの周りのメディア環境の変化が子どもに影響を与えてきたことも多くの先行研究から指摘されている（中西，2000；猿渡，2008）。

　たとえば，インターネットや携帯電話を介した電子的なコミュニケーションの普及により，学校で身に付けるリテラシーと，学校外で子どもたちがメディアなどの影響から用いているリテラシーが複雑に絡み合い，学校のリテラシー教育へその影響が現れてきている。このようななかで，教師は，子どもたちが学校外で身に付けているリテラシーにも目を向け，学校で求められるリテラシーの習得との関わりを考え，内容と方法の検討をしていくことが求められてきている，などである（小柳，2009）。

　つまり，文化遺産（文化内容）の伝承として次世代に伝える知識が増大化し，どのように学校教育で，それらと出会わせるか，また求められる知識・能力な

どを培うために何が必要かといった従前からの論議に加えて，昨今では，学校・学校外での学びの橋渡し，その知識等の収集と産出の道具なども含めた，より大きくかつダイナミックな形で，学校の教育内容を考えていく時期に来ている。

たとえば，世界的な動きとして現在動きつつある，The Partnership for 21st Century Skills, ATC21S（Assessing and Teaching 21st Century Skills）[*]，などは，知識基盤社会を生きていく力，ICT，ソーシャル・メディアの効果的な利用も視野に入れた新たな時代の教育に求められる力の育成を考え，推進しようとしている（清水，2011）。

[*] http://www.p21.org/（2012年4月確認）http://atc21s.org/（2012年4月確認）

ATC21S は，Intel の Dr. Martina Roth と SRI International に関わってきた Dr. Robert Kozma からそのドラフトが描かれ，Intel, Cisco, Microsoft の IT 企業3社とオーストラリア，フィンランド，ポルトガル，シンガポール，英国が参加し2009年に始動した比較的新しいプロジェクトである（2009年1月にロンドンで最初のフォーラムが開催）。2010年からは米国も参加し，メルボルン大学がアカデミックパートナーシップの幹事となり，進められてきた。その目的としたことは，以前にはなかなか取り上げられなかった「デジタルネットワークを用いた学習」「協働的な問題解決」の評価と教育方法を考えることを目的としたものであった（Griffin et al., 2012）。

そして，(1)思考の方法（①創造性と革新，②批判的思考・問題解決・意思決定，③学習のための学習・メタ認知），(2)活用の方法（④コミュニケーション，⑤協働：チームワーク），(3)活用の道具（⑥情報リテラシー，⑦ICT リテラシー），(4)世界の中で生きる（⑧市民性：ローカルとグローバル，⑨生活とキャリア，⑩個人の責任と社会の責任：文化的意識と文化を扱う能力を含む）といった4つのカテゴリーでグループ化された10のスキル（KSAVE: Knowledge, Skill, Attitudes, Values, Ethics）を21世紀に求められるスキルとして明らかにし，革新的な取り組みには革新的な評価方法が必要であることを検討・開発・実践しようとしている。

また，実際に，子どもたちの周りのメディア環境の変化とも関わって，ソー

シャル・メディアの利用に関心を向けた，学校内外での自己表現，コミュニケーション，協働活動などに関わる研究報告が出されてきている（Davidson & Goldberg, 2010; Flanagin & Metzger 2010; Ito et al., 2009）。さらに Jenkins ら（2009）によれば，「これから求められる一連の社会的スキルと問題解決・協働の力」として，次の11の能力を取り上げ，その教育的な可能性と必要性の指摘をしている。

① Play：問題解決の一つの形として，周りの環境にはたらきかけ，試す能力
② Performance：改善や発見を目的として，状況に合った選択的な自己を示せる能力
③ Simulation：現実世界のダイナミックなモデルを理解でき構成できる能力
④ Appropriation：メディアの内容から，その意味に応じて使える事例を取り上げ，活用できる能力
⑤ Multitasking：環境を読み取り，関連する重要な事柄へ同時に目を向けることができる能力
⑥ Distributed Cognition：認知的な力を拡張する，意味ある道具を取り扱える能力
⑦ Collective Intelligence：知識を蓄え，共通のゴールに向けて他の人とそれを比較検討していける能力
⑧ Judgment：異なる情報ソースの信頼性や違いを評価できる能力
⑨ Transmedia Navigation：多様な様式の情報からくる話や内容に寄り添える能力
⑩ Networking：情報を探し，統合し，普及する能力
⑪ Negotiation：多様な見通しを区別，尊重でき，また選択的な基準を理解し，それに従いながら，様々なコミュニティと関われる能力

このように知識基盤社会での教育・学習活動，ひいては学校や家庭の在り方などと関わって，様々な能力の必要性が述べられ，その根拠となる調査や取り組みがなされてきている。

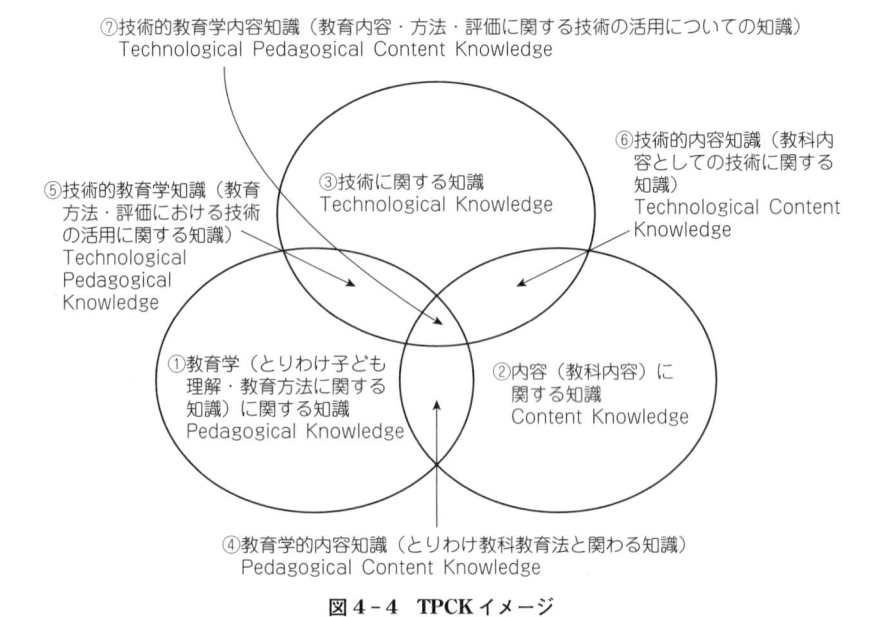

第 2 部　教師に求められる専門性と力量のエレメント

⑦技術的教育学内容知識（教育内容・方法・評価に関する技術の活用についての知識）
Technological Pedagogical Content Knowledge

⑥技術的内容知識（教科内容としての技術に関する知識）
Technological Content Knowledge

③技術に関する知識
Technological Knowledge

⑤技術的教育学知識（教育方法・評価における技術の活用に関する知識）
Technological Pedagogical Knowledge

①教育学（とりわけ子ども理解・教育方法に関する知識）に関する知識
Pedagogical Knowledge

②内容（教科内容）に関する知識
Content Knowledge

④教育学的内容知識（とりわけ教科教育法と関わる知識）
Pedagogical Content Knowledge

図 4 - 4　TPCK イメージ

　このような，21世紀に求められる学習活動は，大人が子どもに，つまり教師が生徒に教える方法を問おうとしている Pedagogy だけではなく，人がどのように学ぶかを問うという視点からもその学習活動の構築を考えていく必要があることが主張され（教育論ベースというよりも学習論ベース），Digital Learning を導く理論モデルと教師に求められる力（フレームワーク；TPCK とのクロスも含む）なども検討・紹介されている（図 4 - 4 参照 AACTE, 2008）。

　このように，教科指導を中心とした，従来の学校が用意する文化遺産（文化内容）の効果的な伝達，それを通じた興味関心の喚起，知識や思考力などの育成といった学習内容・活動の編成，及び横断的な学習内容・活動の編成，それに伴う指導に関する専門性に加えて，異なる専門性が教師に求められてきている。つまりよりメディア環境の変化に伴う学習活動，知識基盤社会におけるフォーマルとノンフォーマルとインフォーマルな学習の関係に目を向けた学習内容・活動の編成や開発の専門性である。

　このような動きは日本でもあり，教育の情報化ビジョン[*]が2011年 4 月に新た

に示され，子どもたちに携帯端末を持たせて授業を行うフューチャー・スクール・プロジェクト，学びのイノベーションなどの取り組みも行われてきている（筒井，2011）。

 ＊以下の URL のビジョンの全文が掲載されている（2012年4月確認）
 http://www.mext.go.jp/b_menu/houdou/23/04/_icsFiles/afieldfile/
 2011/04/28/1305484_01_1.pdf

　上記のような環境の変化や動きのなかで，不易流行をおさえ，教師の専門性としてのカリキュラム開発の力を磨いていくことがますます重要となってきている。

引用・参考文献

安彦忠彦（2007）『改訂版 教育課程編成論──学校はなにをまなぶところか』放送大学教育振興会.

天笠茂編（2011）『学力を創るカリキュラム経営 学校管理職の経営課題──これからのリーダーシップとマネジメント』ぎょうせい.

小柳和喜雄（2007）「フィンランドにおける教師教育改革の背景と現状，及びその特徴の明確化に関する研究──教職大学院のカリキュラム構築への示唆」『奈良教育大学紀要　人文・社会科学』56(1)：193-203.

小柳和喜雄（2009）「現代の情報環境と子どもの言語指導」日本教育方法学会編『教育方法38　言語の力を育てる教育方法』図書文化，113-120.

倉本哲男（2003）「アメリカのカリキュラムマネジメントに関する研究──F. English のマネジメントサイクル論を中心に」『日本教育経営学会紀要』45：63-77.

国立教育政策研究所（2008）『小中一貫教育の課題に関する調査研究教育制度・行財政・経営班（最終報告書）』平成20年3月.

猿渡智衛（2008）「子どもの居場所づくりに関する政策の現状と効果，課題」『弘前大学大学院地域社会研究科年報』5：53-74.

柴田義松（2010）『柴田義松教育著作集3 教育課程論』学文社.

清水康敬（2011）「講演 21世紀型スキルと教育の情報化（e スクール2010 ICT を活用した「わかる授業」の実践）」『視聴覚教育』65(1)：30-35.

仙田満（2009）『子どもの遊び環境』鹿島出版会.

田中統治（2009）「カリキュラム評価の必要性と意義」田中統治・根津朋実編著『カリキュラム評価入門』勁草書房.

筒井厚博（2011）「『総務省フューチャースクール事業』実証校の実践報告（特集 日本の情報教育の現状と課題）」『教育展望』57(9)：24-28.

ウォルター・ディック／ルー・ケアリー／ジェイムズ・O・ケアリー，角行之（監訳）（2004）『はじめてのインストラクショナル・デザイン——米国流標準指導法 Dick & Carey モデル』ピアソンエデュケーション．

中留武昭編著（2005）『カリキュラムマネジメントの定着過程——教育課程行政の裁量とかかわって』教育開発研究所．

中西新太郎（2000）「メディア環境の変化が青少年文化にもたらすもの（特集 子どもの事件から考える）」『人間と教育』28：36-42.

中野和光（2004）「カリキュラム・リーダーシップと教師の力量形成——イングリッシュ Fenwick W. English のカリキュラム経営論を中心にして」『広島大学大学院教育学研究科紀要　第三部　教育人間科学関連領域』53：45-51.

波多野誼余夫・大浦容子・大島純（2006）『学習科学』放送大学教育振興会．

AACTE Committee on Innovation and Technology (ed.) (2008) *Handbook of Technological Content Knowledge (TPCK) for Educators*, New York and London: Routledge.

Bellanca, J. & Brandt, R. (eds.) (2010) *21st Century Skills: Rethinking How Students Learn*, Bloomington, IN: Solution Tree Press.

Darling-Hammond, L. and Lieberman, A. (ed.) (2012) *Teacher Education around the World. Changing Policies and Practices*, NY: Routledge.

Davidson, C. N. and Goldberg, D. T. (2010) *The Future of Thinking: Learning Institutions in a Digital Age*, Cambridge, Massachusetts: The MIT Press.

Day, C. and Gu, Q. (2010) *The New Lives of Teachers* (Teacher Quality and School Development), NY: Routledge.

Dick, W, Carey, L. and Carey, J. O. (2008) *The Systematic Design of Instruction* (7TH), Pearson College Div.

Donovan, S. and Bransford, J. (eds.) (2005) *How Students Learn. History, Mathematics and Science in the Classroom*, National Academies Press.

Drake,C. (2002) Experience counts: Career stage and teachers' response to mathematics education reform, *Educational Policy*, 16 (2): 311-337.

Flanagin, A. J. and Metzger, M. J. (2010) *Kids and Credibility: An Empirical Examination of Youth, Digital Media Use, and Information Credibility*, Cambridge, Massachusetts: The MIT Press.

Griffin, P., McGaw, B., and Care, E. (ed.) (2012) *Assessment and Teaching of 21st Century Skills*, Dordrecht, Heidelberg, London, New York: Springer.

Hargreaves, A. and Fullan, M. (2012) *Professional Capital. Transforming Teaching in Every School*, NY: Routledge.

Ito, M., Horst, H., Bittanti, M. et al. (2009) *Living and Learning with New Media. Summary of Findings from the Digital Youth Project*, Cambridge, Massachusetts: The MIT Press.

Jenkins,H. with Others (2009) *Confronting the Challenges of Participatory Culture*, Cambridge, Massachusetts: The MIT Press.

Sahlberg, P. (2010) *Finnish Lessons, What can the world learn from educational change in Finland*, NY: Teachers College Press.

Sawyer, K. (ed.) (2006) *The Cambridge Handbook of the Learning Sciences*, Cambridge University Press.

Serim, F. (2012) *Digital Learning: Strengthening and Assessing 21st Century Skills*, San Francisco, CA: Jossey-Bass.

(小柳和喜雄)

第5章
授業における教師の専門性

　ときには首をかしげたくなるような理解もあるほど，授業のとらえ方はまちまちである。だから，授業における教師の専門性といっても，その内容はすこぶる多様となる。この章では，まず，一括りにされている「授業力」の検討から，そこにはある種の危うさがあることを指摘する。次に，多様に取り組まれている授業づくりを典型化してその特徴と問題点を考え，そこから検討されるべき授業づくりの課題を導き出す。さらに，授業はコミュニケーション過程であるという視点から，導き出した課題を達成するための授業づくりの方途と専門性の中味を明らかにする。そして最後に，そのような専門性はいかに形成されるかを考える。簡略化すれば，この章の目的は，どのような授業をつくるのかに関わる専門性，それがどのように形成されるのかに関わる専門性，つまり二重の専門性を問うことにある。

1　「授業力」の曖昧さと危うさ

　「品格」と並んで，「力」という言葉が多用されている。脱力した方がよいのではないかと思われる「力」にむやみに力こぶを込めた表現がしばしば散見されるのである。たとえば，「女子力」「学士力」「社会人基礎力」「仕事力」「地域力」「定年力」等々といった具合にである。
　そもそも「力」という言葉が示す範囲とその意味は広い。そのため，たんに普通名詞に「力」を組み合わせて造語してみても，明確な内容を伴った概念にはなりにくい。だから，曖昧となる。他方，それにもかかわらず，その言葉を聞くと何となく自明のような気になったりする。誰かがある一定の意味をそこにすでに込めてきているのだが，その思惑を当たり前のように了解したつもりになってしまうのである。しかし，自明の前提と受け止めると，その前提自体

の問い直しは行われない。そのため，そこに政治が働くこともある。政治（ポリティクス）とは，可視的にしろ微視的にしろ，ある種の権力の浸透作用である。こうして，「力」を付け加えた造語は，曖昧でありつつ，同時にポリティクスを作動させる危うさをもつことになる。これは，教育の世界でも同様である。

　教育政策関係の文書に目を向けてみると，この種の「力」という言葉が造語的に用いられたのは，おそらく中央教育審議会答申「新しい時代の義務教育を創造する」（2005年）あたりからである。そこでは，「学校の教育力，すなわち『学校力』を強化し，『教師力』を強化し，それを通じて，子どもたちの『人間力』を豊かに育てることが改革の目標」と言われた。「学校」と「教師」と「人間」それぞれに「力」を付加しただけなので，その意味するところは曖昧に見える。だが，その内容に立ち入ってみると，「学校力」の強化に関わっては，序列化や過度な競争や評価のための評価にならないようにと断りながらも，学校自己評価の実施と公表を義務化するとされた。また，「教師力」の強化については，成果主義的評価は馴染みにくいとしつつも，優れた教師を表彰し処遇に反映させるとか，スーパーティーチャーなどの職種を設けて処遇するといった内容が盛り込まれた。さらに「人間力」に関わっては，国際社会に生きる日本人としての自覚の育成や奉仕体験等の体験活動の推進とともに，ここでも過度な競争にならないようにと但し書きを加えながらではあるが，全国的な学力実態調査や習熟度別指導などの実施が謳われた。枕詞のようにいずれも過度な競争は避けるとは言われるが，結局，学校の間，教師の間，子どもの間に競争主義を持ち込むという新自由主義的な措置が，「学校力」「教師力」「人間力」の強調の下に提唱されたのである。しかも，答申は，国による目標設定（インプット）→市町村や学校の自主的な計画・運営（プロセス）→国による教育の結果の検証（アウトカム）という教育システムへの転換をめざすとしたので，いきおい競争主義に目標設定と結果評価の数値化という縛りが加わることとなった。ここに，「学校力」「教師力」「人間力」に働く政治を認めないわけにはいかない。

　ところで，しばしば用いられる「授業力」という言葉もまた，同様の文脈で

とらえておく必要がある。誰が「授業力」という言葉を最初に用いたのかは定かではないし，使用する論者によってその意味も一様ではない。そのため，もはや概念とは言い難いほどに，授業指導に関わる多くのことが「授業力」に括られる事態がある。この意味で，「授業力」もまた大変曖昧なのである。だからこそ，そこには政治が働く場合がある。試みに，各学校・教師の研修に影響力をもっている教育センターが提示する「授業力」をいくつか挙げてみよう。たとえば，東京都教職員センターは，「教員の資質・能力のうち特に実際の授業の場面において具体的に発揮されるものを『授業力』ととらえる」(「『授業力』の定義（案）」より)との立場に基づいて，「授業力」自己診断シートを作成して，6つの構成要素（「使命感，熱意，感性」「児童・生徒理解」「統率力」「指導技術（授業展開）」「教材解釈，教材開発」「『指導と評価の計画』の作成・改善」）とその下位診断項目を提示している（「『授業力』診断活用資料集」より）。あるいは，京都市総合センター／カリキュラム開発支援センターは，「単に一方的に教え込むのではなく，子どもたちの『学習への関心・意欲を高め』ながら，『学び方を学ばせ』，『指導すべきは指導しきる』力であり，また，子どもたちが，自ら課題を見つけ，意欲的に学び続けることにより，自らの進路を切り拓けるように指導する力」と規定している。そのうえで「子どもたちを豊かに理解する」「教材を深く理解する」「確かな指導法を身につける」「高まり合う学習集団づくりを進める」という視点を挙げている（「授業力向上にむけて大切にしたい点（オンライン版）」より）。

　このように，「授業力」は，授業場面での教師の資質・能力と広く抽象的にとらえられたり，逆により限定的に規定されたりしているのである。したがって，そこに統一的な見解があるわけではないことがわかる。他方，その具体的な構成要素では，表現は異なるとはいえ，教材研究，子ども理解，指導方法・技術，学習集団の形成などといった具合に，括り方におおよその共通性が認められる。そればかりか，さらにその下位項目に目を向けてみると，指導方法にいたっては教材・教具・学習形態・発問・説明・板書などの工夫という点ではほぼ同一である。教科内容研究ならびにそれと関連した教材開発・教材づくり，それを受けとめる子どもと学習集団の現状理解，その双方をつないで授業過程

や学習活動・形態ならびにその指導の方法・技術を構想して実践するという授業のごく日常的なあり方から見れば，それらはたしかに一般には首肯しうるものである。だが，さらにそこで示されている項目内容の詳細をみると，ポリティクスが同時に埋め込まれていることに気づく。たとえば，学習集団に関わってである。東京都の場合には，「基本的な学習ルールを定着させている」とか「的確な指示を出して集団を動かしている」という診断項目がある。また，京都市の場合には「学びのしつけを系統的にすすめる」という項目がある。授業の成立にとって秩序やルールは大切であるが，いずれの場合も学習集団の自治的側面への着目はないようである。それだけに，授業における子ども集団は教師の操作と管理の対象とされる危険が生まれることになる。ここに政治が働くのである。

　もちろん，これらとは対照的なとらえ方もある。たとえば「教えたいことは教えない」を基本に子どもたちが対話・討論・創造・推理しながらものごとの本質や課題に迫るような授業の創造を「授業力」ととらえる提起（今泉ほか，2004）がある。あるいは「統率力」とか「集団を動かす」とか「学びをしつける」とはいくぶん異なって，「授業の中で『わからない』と言える」「多様な意見や考え方（発言）を大切に取り上げている」「自分たちで主体的に取り組める課題を設定している」などを学習集団づくりの項目として掲げている大阪府教育センターの評価基準表もある（『授業力』『授業評価』『授業分析』」より）。「授業力」が曖昧なだけに，その中身は多様であることの逆の証左である。

　「授業力」の曖昧さは，時に危うさを含む。診断項目を作成してそこから授業を評価することで教育の自由を呪縛する政治と関連して，上に見たようにその診断項目が拠って立つ前提を問わせない政治が働く場合があるからである。だから，重要なのは，その前提を等閑視しないということである。その前提とは，いうまでもなく，授業観それ自体にほかならない。裏を返して言えば，仮に「授業力」という言葉を使用する場合でも，求めようとする授業それ自体のあり方の探究は不可避なのである。そのことを度外視しては教師の専門性は語りえないであろう。

2 授業づくりの多様性と課題

　授業は大変複雑な実践過程である。そのため，重点の置きどころによって授業の研究も多様となる。たとえば，授業改善の多様性を整理している最近の研究を見てみよう。それによれば，教育課程の体系的な編成に基づいて教科内容研究から教材づくりに具体化したり，それ自体がおもしろく子どもの関心を呼び起こせる素材を教材化したりする教材開発に重点を置くアプローチ，子どもの丸ごとの理解を書き込むカルテと指導の目当てや手立てを書き込んだ座席表を活用する子ども中心アプローチ，学習の深化と学級・学習集団の発展とを統一的に追求する集団づくりアプローチ，共通の到達目標を明確化して学習の共同化と個別化を形成的評価に基づいて組み合わせながら学力保障を追求する目標達成アプローチ，特定の指導過程や指導方法に重点を置く方法焦点アプローチ，生活綴方教育をベースにして生活現実を見据えさせる生活基盤アプローチ，が挙げられている（日本教育方法学会編，2009（下）：33-105）。これらは，民間教育研究団体を中心にした授業研究の主な成果と動向の整理である[*]。したがって，それ以外のアプローチも当然いくつも存在する。それほどに授業づくりは多様なのである。いずれかのアプローチや成果に特段に依拠して取り組む教師ももちろんいるが，多くの教師は，それぞれのアプローチや成果を自覚の程度は別にしても大なり小なり自分流に組み合わせて授業をしているのが日常である。もともと複雑な実践過程としての授業であることから多様な接近のし方があると同時に，一人ひとりの教師が多くの視点を自分流に折り重ねて構造化して実践すればするほど，同一の授業は存在しないことになる。複雑さの二重奏である。

　　＊このような民間教育研究団体中心の整理は，それが日本の授業研究の質的発展に大きな貢献をしてきたという事情による。したがって，教師の専門性の形成もこれに負うところが大である。なお，各民間教育研究団体の成果は「言語と教育」「科学と教育」「子どもと教育」「表現と教育」の視点からも整理されている（日本教育方法学会編，2009（上）：39-94）。

しかし，授業研究や授業づくりが多様だと指摘するだけでは，じつは何も言わないに等しい。そこで，ここでは，上のアプローチをも内に含めながらなお多様に取り組まれている授業づくりを広く視野におさめて，あえていくつかに典型化してその特徴や問題をみてみることにする。典型化とは，個別の授業に対するほとんど不可能に近い逐一の説明対応ではなく，現に取り組まれている授業のなかに軽重の違いはあれ少なからず内包されている特徴や傾向を逆に明るみに出してこれをあえて類型化して再構成するという方法である。そうすることの方が，授業づくりの課題を明らかにし，ひいては求められる授業のあり方を考えるのに有効だからである。つとに指摘したこと（グードヨンス，2005：196-198）を今日の状況を踏まえて整理し直せば，少なくとも次の6つの典型を抽出することができる。

　1つは，子どもの体験・活動・学習方法を重視する授業である。古くは，子どもの「関心・意欲・態度」を所与の前提として「指導から支援へ」を強調することで教師の「教え」を軽視するとともに，体験や活動を偏重することで基礎的・基本的内容を子どもに応じて多様化・弾力化しながら，個別学習を求めた「新しい学力観」が，これにあたる。また，「教え込み」ではなく「学び取る」ことが重要とされ，内容明示なしに学習活動・方法が例示された，前回の学習指導要領改訂時に新設された「総合的な学習の時間」も同様である。こうした授業は実際にはなお今日でも取り組まれている。ところが他方では，今回の学習指導要領の改訂でその方向が転換され，別のタイプの授業が提起されることとなった。そこでは，「指導から支援へ」ではなく「教えて考えさせる指導」への転換がはかられ，「基礎的・基本的な知識・技能」を確実に習得させることと「それらを活用する思考力・判断力・表現力等」を伸ばすことが強調されている。「基礎・基本」は「教える」，「活用力」は「考えさせる」といった段階論的ないし二元論的対応である。特に後者の「活用力」にかかわっては，直接にはPISA型学力が前提とされ，背景には「ポスト近代型能力」が措定されているが，実際に指示されているのは観察・実験，レポートの作成，論述，記録，要約などの学習活動・方法である。裏返して言えば，子どもが獲得する内容世界への無頓着がうかがえる。したがって，「活用力」育成の授業も，こ

の点に関する限りではあるが，新学力観や「総合的な学習の時間」とは文脈は異にしても基本的には同様の傾向にあるとみてよい。

2つは，科学の成果を基礎にしながら子どもの認識発達の特徴と関係づけて編成した教科内容の系統性と授業過程のすじ道の確定の下に，科学的認識の主体的形成を追求する授業である。民間教育研究団体の成果は少なからずこれに属する。そこでは，「関心・意欲・態度」は授業のなかで形成されるものとしてとらえられ，体験や活動は「科学と教育の結合」の原則下に位置付けられるとともに，知識の獲得と能力の発達は統一的に理解され，教師の指導の下にすべての子どもが科学的で系統的な内容を主体的かつ共同的に学ぶことがめざされる。だが，子どもの側からみれば，この授業は，用意された科学知が真理と同一視されるためにそれ自体を問うことはなく，「真理の代弁者」としての教師が確定した授業過程とそこで構想した教えの枠のなかに囲い込まれた学びになりやすいという問題を内包している。

3つは，学力と人格の統一的形成（知識・認識・技能などの形成である陶冶と意志・感情・性格，世界観などの形成である訓育との統一）をめざして，教科内容の習得における主体的で探究的な思考活動を組織することと，そのために相応しい子どもの共同的関係を教科外の集団づくりとも関わって授業のなかで自治的につくりだすこととを統一的に追求する，学習集団づくりによる授業である。これは，授業の人格形成作用を道徳主義に陥ることなく積極的に位置付け，学びのもつ対話的性格を発問による集団思考の組織化と自主的・共同的な学習体制（自覚的な学習規律）の構築という両面から実現して授業の成立と展開を構想する点で，上の2つ目の授業とは本来異なる。とはいえ，もともと主張されていた，教科内容の科学性と教師の指導性を問う子ども＝抵抗主体の形成という視点がしだいに後退することによって，授業の全体的構図自体においては2つ目と接近するに至っている。

4つは，文脈性・共同性・真実性を重視する授業である。これは，「状況的認知」論や「正統的周辺参加」論を参考にしながら，規範として画一的に強制される脱文脈化された非日常的な知識の個人主義的な学習を批判して提唱・実践される授業である。ほんものの文化的実践に参加しながら，教師も学び手と

なって子どもたちとともに生活の文脈や状況から世界を探究し自己にとっての真実と意味を探究する授業である。ただし，文脈性・共同性・真実性は重要であるにしても，それだけに逆に科学知との関連ならび科学知自体の問い直しが不分明になりやすく，また，啓蒙主義的な教えではなく教師も学び手であるととらえることによって，かえって教師の教えの位置付けが曖昧になりやすい。学びの共同性を「つくる」という視点も後退する。この点から見る限り，学びは対象と他者と自己との三位一体の対話的実践であり，そのために「聴き合う関わり」を通して教室に「互恵的な学び」を成立させようとする授業（佐藤，2010：97-105）も，これらと通底する問題を抱えている。

　5つは，スキルの学習を重視した授業である。すべての子どもに基礎学力を保障するという観点から，「百ます計算」のドリルを課したり，お経を唱えるようにリズムをつけて漢字を合唱させたりする授業が，たとえばそれである。あるいは，さきにみた今回の学習指導要領改訂にみられる「教える」対象としての「基礎・基本」を繰り返し指導する授業も，「思考力・判断力・表現力」との事実上の乖離があるので，ここに含めることができる。そればかりではなく，測定が困難な「見えない学力」と言われてきた思考力・判断力・表現力の測定方法が開発されてきたと認められているので，開発された測定方法に回収されることによって，皮肉にも「活用力」育成の授業もまた，思考・判断・表現のスキル訓練授業になる場合がある。これではいずれも，意味の理解と再生と表現を伴わない，スキルの形骸化になるほかはない。

　6つは，習熟度別授業である。グローバル市場競争時代における国際競争力の強化，「個性に応じた教育」の一環，階層差としての学力格差の抑制などの理由から大合唱されてきた習熟度別授業は，現在，各学校で当たり前のように実施されている。その実態は，少人数授業に対する子どもの好感度の陰で，習熟レベルの低いコースはスキル訓練，高いコースは発展的学習といったように学びの種別化を進行させている。能力等質集団での学びだけに異質な他者との出会いによる学びの深化は望むべくもなく，この意味でそこには学びの共同的性格の実現という視点はない。

　以上，ごく粗っぽく授業の典型を概観してみた。授業の精緻な典型化自体が

ここでの目的ではないので、それ以外のタイプの授業ももちろんあり、したがって十分とは言えないかもしれない。ただし、このような整理からでも、今日の授業づくりで問われるべき課題は十分導き出すことは可能である。その課題を集約すれば、次にあることは行論から明らかであろう。第一は、体験や活動に埋没する知か、それとも科学や教師からの天下り的な知か、あるいは状況的・文脈的な知かといった、授業を通して子どもが獲得する知のあり方に関わってである。第二は、教えることと学ぶことの関係性である。子どもの主体的な学びを重視することで教師の教えを弱めるのか、逆に教師の教えを教え込みに同一視するのか、あるいは教えによって主体的な学びへと誘いつつ囲い込むのか、それとも、学び手として教える者を位置付けるのかといった違いが認められるからである。第三は、学びの共同性のありように関わる課題である。つまり、個別主義の学びか、習熟度の名の下での同質集団での学びか、学級を基盤とした学び合いか、さらにはそれを越えて広く共同体への参加を視野に入れた学びかといったようにである。そして第四は、それらを全体として貫いて授業の秩序や仕組みを誰がどのようにつくるのかという課題である。

　これらの課題に迫ることが、いま、授業づくりで求められている。そしてそのなかで、教師の専門性の内実もまた問われなければならないのである。

3　コミュニケーションとしての授業と教師の専門性

　授業は、対象を媒介にした教師と子どもたちのコミュニケーション過程であり、コミュニケーションを介して対象に迫る過程である。ICT機器をふんだんに使った授業といえども、生身の相手とコミュニケートしない授業はない。

　では、その際のコミュニケーションとは何か。それは、単なる情報の交換にとどまるものではない。しかしまた、和気藹々とした雰囲気のなかでの心情的わかり合いに終始する過程でもない。思い切って要約すれば、コミュニケーションとは、互いに対等・平等な関係のなかで誠実に向かい合って合意を形成し、真理を探究・共有する行為であるとともに、そうした相互行為にふさわしい規範もまた互いに承認し合う行為である。しかもそのなかで一人ひとりのアイデ

ンティティが形成される行為である (Habermas, 1987)。したがって、表面上はコミュニケーションに見えようとも、相手を攻撃することを目的として話し合いのなかで論破してやるといったような行為の場合、それはコミュニケーションとは言えない。そこには、相手をまるでモノであるかのように扱い、自分の思うがままに操作するという主体と客体の関係が埋め込まれているからである。あるいは、自分の意見は絶対に変えないという態度で相手と話し合うという行為もコミュニケーションとは言えない。場合によっては相手の意見に応じて自己の意見を修正することが見込まれていないからである。そうではなくて、それがコミュニケーションであると言えるための何よりの要は、見たように参加者の間の相互主体的な合意形成に求められなければならないのである。

　だが、合意形成の強調には落とし穴もある。価値観や感性まで合意の対象とされてはならないといった当然のことや、合意内容がただちに真理ととらえられているという難点を指しているのではなく、複数性という視点が後退しているという落とし穴である。もともと合意が必要とされるのは、それぞれに異なった立場からの意見があるからである。同じ意見であれば、もはや合意を求めなくともよい。そのため、合意形成は複数性を前提にしている。にもかかわらず、最終的に合意だけを追い求めると、合意に向かって複数性が収束され、同一性に回収されかねないのである。ここに落とし穴がある。そのため、これを越えるには、何もかも合意せずともよいし、合意できない部分は当然生ずることの相互承認が必要となる（齋藤、2000：36）。したがって、この点を踏まえれば、コミュニケーションとは、複数性を基底にするがゆえに生ずる差異と不合意の承認を一貫させるなかで、対話規範を合意するとともに合意による真理知の確証と更新ならびに主体的真実の獲得を共同探究においてめざす行為であり関係であると言える。

　ところで、このようなコミュニケーションを授業のなかでどのように具体化して追求できるのだろうか。前節で明らかにした授業づくりの今日的課題と結びつけて考えてみるとにしよう。

　授業における教師の教授行為をその中心となる言語行為に着目して分類すれば、発問、説明、指示、助言、評価などがある。これらは指導言とも呼ばれて

きた。なかでも教師の発問は，授業を公開し授業者・参観者共々これを事実に即して検討し合う授業研究では必ずといってよいほど分析の中心対象とされているので，さしあたってはこれに焦点を当てることで，基底となる教えと学びの関係をまずは見てみよう。

　これまで発問は，質問とは区別されて，教科内容の習得に向かって子どもの能動的な思考活動を呼び起こす行為として理解されてきた。また，能動的思考活動を誘発するばかりではなく，子どもたちのなかに誤りやつまずきをも含んだ対立した意見や分化した意見を引き出して，学び合いを組織する契機としてさらに発展的に理解されてきた（吉本，2006：29-32）。そのさい何をどう問うかは，教師の教材解釈と目の前の子どもの理解から定められるとされる。こうした理解には，教師の教えは子どもの主体的な学びを誘う行為であり，教えか学びかといった二律背反の関係にあるのではないというとらえ方がある。これは重要な成果である。したがって，発問による授業づくりを全否定する必要はない。だが，それにしても，発問に終始する授業には他方で，子どもの側からみれば，教師があらかじめ計画した発問内容の範囲のなかに意見や解釈が引き出され，対立・分化をめぐる学び合いといえども最終的には教師の意図した正解に収斂されるという閉じた性格があることもまた見過ごせない。これではコミュニケーション不全状態を生起させかねない。そのため，その閉鎖性の打開も一方で探られる必要性が生ずる。

　結論からさきに言えば，この問題を解決する方途は，子どもの問いを重視するという回路の保障にある。たとえば，「放射線が多いとどうなるのか」「放射線の基準値はどれくらいなのか」「放射線はどんな影響があるのか」「放射能を浴びるとどうなるのか」「放射能ってなくならないのか」「福島の子どもたちはどうしているのか」「もしも日本に原子力発電所がなかったらどうなるのか」などの子どもたちの問いを紡ぎながら，現下の避けて通れない課題である「放射能汚染とエネルギー」問題を単元テーマとして福島の原発事故から学ぶ「総合」の授業がある。教師はあらかじめこの単元を大筋で計画し，現地調査をも含めた豊富な資料を準備しているのだが，子どもの意見や疑問にあわせて授業をつくるという取り組みである。そこでは，「疑問は宝」であり「子どもの疑

問に応える授業」というスタンスに立てば大きく発達課題から逸れることはないとされ、また、教師の価値観を押しつけるのではなく事実から真実を見抜くことが大切にされている（上野山、2012）。こうした取り組みは「総合」だから可能であるととらえる必要はない。たとえば、理科では、「ほうれん草は磁石につくか？」という子どもの問いや、「ヒジキはつくはずだ！」という声から出発して、実際にほうれん草やヒジキを授業に持ち込み、有機物を飛ばすために灰にしてから試してみると、ヒジキは磁石にくっつくことを実証した授業もある（三上、2006）。もちろん、子どもの問いを重視するといっても、単純に子ども中心主義に委ねて、教師の教えを再度後退させることを意味しているわけではない。問うこと自体を教えること、その問いを他者につなげながら複数の問いを立ち上げてこれを対話的共同のなかで探究することを教師が教えるという回路を指すのである。敷衍すれば、ここに教えと学びの新しい関係性があると言えよう。

　本来、動物とは異なって「問う存在」としての人間の問いは、情報を求めて知識の増大で完結する問いではなくて、自明であったことが疑わしくなったときに成立する「内省の問い」であると言われる。「内省の問い」は対自己ばかりではなく、対対象世界という二重性によって成り立つ。つまり、「人間は自分の世界を、かれがそのなかに生きているいっさいの秩序とともに、したがってまた自己自身を、問いのなかにおく」のである。一方、「内省の問い」は、一人ひとりの内に孤独な省察を余儀なくさせ、自分は誤っているのではないかと当惑させる。だからこそ、他者との対話が導かれる。しかし同時に、対話に深く分け入るほどに共同の問いも生み出されることになり、「対話が問いを生み出し、また対話のみがこの問いを解明する」とも言われる（ボルノー、1978：181-189）。子どもの問いを重視するとは、こうした問いと対話の循環的な連鎖を意味する。したがって学びの共同性の実現に向かう。さきに述べた教えと学びの新しい関係性における教えとは、そのことへの誘いにほかならないのである。

　ところで、問いと対話の循環は、自分がすでに身に付けている知識や認識やものの見方・考え方を、そして学ぶ対象の意味を、共々問い直しあう学びを促す。「二枚のパンを三人で分けると、一人分は、何枚ですか」という問題で、

「2÷3＝2/3」は塾で学習済みの子どもが「三分の一枚」(一枚を三人で分けて三分の一枚，それを足すと六分の二枚，約分して三分の一枚)，多くが「六分の二枚」，いつもおとなしい子どもが「三分の二枚」と理由をつけて説明するなかで，「三分の一枚」の意見に多くが傾きかけたとき，日頃「やりたくねえ」と騒ぐ子どもの「二枚パンあるのに，一枚にしかならない」という疑問が契機となり，再度話し合い，他者理解を深めつつ，何をもとに考えたらよいのかを探究している算数の授業(今泉ほか，2004：86-89)は，その一例である。このような問いと対話による問い直しは，対象に向かい合ってそこから自分の知識・認識・考え方などを問い返すことと，教科内容としての知識・認識・考え方などを読み解き・読み拓くこととを，「批判的まなざし」を封印することなく相互に環流させることに発展する。「アンラーン(unlearn)」(子安，2006：183)とも称されるこうした学びは，既定の教科内容の習得というよりは，他者認識の深化を随伴した主体的真実の獲得あるいは意味構成への営みであると言ってよい。ここに，求められるべき子どもが獲得する知のあり方がある。

　コミュニケーションとしての授業は，こうして，教えと学びの関係性を新たにうち立て，問いと対話の循環ならびに学びの共同性を実現し，そのことを介して子どもが獲得する知のあり方を批判的な意味構成へと定位させる。だが，そればかりではない。次のような授業の仕組みそれ自体にも及ぶ。

　1つは，教材づくりに関わってである。従来，教材研究は，教科内容を研究し，その内容を典型的に担ったしかも子どもの興味・関心を呼び起こせるような具体的な素材を教師があらかじめ選択したりつくりだす仕事であると理解され，さらに学ぶ当の子どもたちにとって意外性のある教材をつくるという点も加えられてきた(吉本，1989：55-57)。教材研究に割く時間が圧倒的に少ない多忙化のなかでも，そして実際は教科書使用が多いなかでも，教師は授業で子どもたちが学んでみたいと思う教材をそうした視点から大なり小なり努力してつくっている。特に近年では，教科書に関する子ども・教師の意識調査の結果から，「教材を子ども達の生活から選び取る」視点の重要性が指摘されている(鶴田，2011：161)。そして，一例を挙げれば，1～2℃の温度上昇で利用可能な水の量が40～70％も減る地域があるという国連の予測を素材にして，これを

第5章 授業における教師の専門性

数量関係から文字式にして探究するといった授業が実際に重ねられてきた（小寺，2006：52-56）。たんに生活経験を授業に持ち込むというのではなく，このように教科に固有の認識の切り口から生活現実を読み解き読み拓くことのできる教材をつくることは，さきの意味構成にとって重要である。ただし同時に，教材は教師がつくるものであって，子どもには手の届かないものであるという暗黙の前提もまた問い直される必要がある。そうしないと再びコミュニケーション不全に陥りかねないからである。そこで，さらに求められるのは，教材づくりに子どもの意見を反映させるという視点である。たとえばさきの磁石の授業では，子どもの問いから実際にほうれん草やヒジキを授業に持ち込んでいる。あるいは，教材づくりに限定される実践ではないが，「日本の工業」で，日本工業の特質と南北問題と自分の生活・世界を考えることのできる教材としてカンコーヒーを教師が最初に提示し，その下で共同決定された学習課題を調査研究するなかで，子どもたちがコーヒー原料の世界地図を資料としてつくったり，「コーヒー南北問題」の新聞記事を持ち込んだりして，これを読み解く授業もある（鈴木，2005）。もちろん，教師による教材づくりという暗黙の限定を越えて教材づくりに子どもの意見を反映させるとは，ここでもまた教材作成を子どもに委ねることを意味しない。重要なのは，教材づくりに子どもが「関与」しうる回路を開いておくことなのである。

　2つは，学びの方法・活動や形態の共同選択である。授業では，調査，観察，フィールドワーク，聞き取り，ディベート，討論，ロールプレイ，シミュレーション，作品づくりなど，多様な学びの方法や活動が展開されるべきであり，話し合い症候群に陥ってはならないが，これらもまた教師が事前の計画どおりにあてがうのではなく，子どもの納得と合意の下に選び取ってよい。「植物の生活と分類」という単元で，「教室から出てゆく」「学級から出てゆく」「教科書的知識から出てゆく」ような授業を構想し，「かわりものタンポポさがし」のなかで生まれた疑問を追究するために学級の枠を越えた「この指とまれ」方式の有志グループや子どもの声に基づくグループを調査隊としてつくり，掲示板での発表と討論を組織しながら「タンポポの謎」を追う中学校の授業もある（小川，2009）。これは，学びの形態だけを問う授業ではないが，個別，グルー

プ，一斉という形態だけではなく，個別の課題に応じた学習チームの一時的な編成，共通課題に迫るための各グループそれぞれ独自の方法などもまた共同で選択されてしかるべきであることを示唆している。

　3つは，授業と学びのルールの確立である。秩序崩壊現象である学級崩壊という深刻な実態があるだけに，授業のルールやきまりがいっそう重視される傾向がある。もちろん，授業である以上，秩序は当然必要である。だが，問われなければならないのは，その秩序を誰が誰のためにどのようにつくるのかである。教師が授業を成立させるために子どもに巧みにあてがうだけでは，一方的に過ぎるが，これが実際には多い。たとえば，「同じで，ちがって，付け加えて，～だと思います」「理由は～だからです」などの話型を「学びのしつけ」と称して教室の壁に掲示して指導するといった具合にである。これでは，学習集団研究で揶揄してきた「発言形式，壁に定着すれど，子どもに定着せず」である。「型に入って型を出る」という段階論も主張されるが，その型自体がすでに教師によって固定的に前提されている。コミュニケーションを重視しているように見えながら，その核である合意形成には無頓着である。コミュニケーションとしての授業は，これを転換させるものでもある。たとえば，子どもと話し合って「いろいろな子どもが授業に参加できるようなルールを編み出した。多動な子の条件付きの『たち歩く権利』を認めたり……」という取り組みがある。そこで子どもたちは「本当の平等って，1人ずつ違う人に，違うルールをつくったり応援したりすることやってんやな。それがみんなを同じように大事にすることやってんや」と学んでいる（新井，2009：5）。同化や排除の関係ではなく，互いの対等性をふまえて差異を承認し合うことをルールとして合意しているのである。授業や学びのルールがこのように確立されることを，コミュニケーションとしての授業は要請しているのである。

　今日の授業づくりの課題と関係づけて，コミュニケーションとしての授業への転換とその実相をみた。あえていくつか実践事例も紹介したが，そのことは，コミュニケーションとしての授業は理想であって現実的ではないという，おそらく生ずるにちがいない疑念に応答するためである。それは，現実に進行しているのである。そして，そのような授業を子どもと共同創造するところに，いま

求められている教師の専門性があると言えよう。それは，子どもの権利条約に見られる子どもの聴聞権・意見表明権保障のためにも要請されているのである。

4　教師の専門性としての授業批評

　授業の共同創造を促す教師の専門性は，朝やったら夕べにできあがっているというものではない。「滝に打たれて修行する」といった類ではないが，やはり一歩一歩の実践的積み重ねのなかで自己形成されるのである。だが，実践すればそれでことが足りるというわけでもない。実践経験の単なる量的蓄積は，専門性を深める保証ではない。その実践を振り返り次の見通しを明らかにするという日々の営みのなかで形成されるのである。それは，専門性を形成するための専門性を指す。今日「省察的実践者」としての教師像が着目されている所以が，ここにある。

　もともと教師とは何かの問いに対する回答は千差万別であるが，「省察的実践者」の位置は，「官僚化」対「民主化」と「脱専門職化」対「専門職化」の2つの軸を交差させて教師像を類型化する研究で明確にされている。それによれば，おおよそ次のようにである。戦前の場合，教師は聖職者であり「国家の僕」であるとするとらえ方が一般的であった。これに対して戦後は「国民の僕」（「公僕としての教師」）とする理解に転換したが，これらに対して「労働者」であるという教師理解も対抗軸として展開されてきた。しかしながら，いずれの場合も教師の専門性という視点は後景に退いていた。そこで，専門性に着目して，科学的な原理と技術を習得しこれを実践に適用する「技術的熟達者」という理解が普及したが，それは官僚文化と親和的であり，科学的技術では解決しえない複雑な問題事態には応えられないため，これに対抗する専門家像が探究されるようになってきた。ここに「省察的実践者としての教師」像が位置付けられている（佐藤，1997：91-93）。

　この「省察的実践者」像は，知られているように，もともとはドナルド・ショーンの提起によるものである。ショーンの基本主張の要点を概括すれば，おおよそ次のようになろう。すちわち，ショーンは，専門家はつねに独自で複雑

で不確実な状況とのやりとりのなかで実践しているので，その複雑性や複合性は「技術的合理性」では把握できないとする。そこから，科学の理論や技術を厳密に適用する道具的な問題解決という見方から成り立つ「技術的合理性」モデルに依拠した「技能的熟達者」からの転換を主張する。つまり，「省察的実践者」への転換である。そこでの「省察的実践者」とは，実践のなかで厄介なまでに複雑で多様な状況と対話し問題の設定と解決を探究するし，実践後にその実践とそこでの自分の理解を探究するという，実践のなかでそして実践について省察する専門家を指している（ショーン，2007）。ただし，柳沢昌一も「解説」で指摘するように（ショーン，2007：400），科学と省察が単純に二項対立として理解されているわけではない。経験主義の傾向にあることは否めないが，たとえば「実践の認識論を発展させることにより，問題の解決は，省察的な探究というより広い文脈の中でおこなわれるようになり，行為の中の省察はそれ自体厳密なものになり，実践の〈わざ〉は，不確実さと独自性という点において，科学的な研究技術と結びつくようになる」（ショーン，2007：71-72）とされているからである。

　ところで，ショーンは，このような省察的実践者のいくつもの詳細な事例を挙げているが，教師も同様の探究・省察を行う専門家として位置付けている。この限りでみれば，日本の教師たちも目の前の子どもたちの現実や応答を機敏に理解しながら教科の内容習得と結んでどのように対応するかを瞬時に判断しながら指導するという授業を日常的に行っているし，授業研究では授業者も参観者も共々その授業を事実に即して検討し合っているのだから，省察的実践者と殊更特徴づけなくともよいかもしれない。教師は「研究的実践者」であると言われてきたほどである。だが，ショーンの議論で興味深いのは，実践者は大なり小なり必ずあるフレームをもって実践しているのであって，行き当たりばったりにはしていないのだが，省察的実践者の場合は，技術的熟達者とは異なり，これを固定視して問題解決に適用するのではなく，状況と対話しながら問い直し再構成するという特徴をもつと言う点である。専門家の能力を高めるためには「暗黙のうちにもっているみずからのフレームに気づき，批判的になる」フレーム分析が必要と言うのである（ショーン，2007：327）。この点から見

れば，日本の授業と授業研究のありようには，省察的探究という側面はたしかに持ち合わせつつも，ある特定の理論に影響を受けている場合，その理論自体の批判的な問い直しにおいてはなおも不十分さがあったのではないかと考えられる。そうだとすれば，いま，授業研究に求められている課題は，そのような批判的問い直しであると言えよう。

　ここでは，この批判的問い直しを，授業研究でもしばしば使用される用語である「批評」とあえて呼んでおくことにする。というのは，「批評」と「批判」は語源的には同じではあるが，「批判」概念の研究に学べば，「批判」は，言論の自由のなかで，相手を攻撃するのではなく，むしろ偽りの議論をしないですむようにするという意味から出発し，本質を暴露し攻撃するとか，現在の秩序を告発し転覆するといった手段としての意味へと変化し，果ては批判する基準自体を批判して理性との乖離を招いたり，理論と実践のズレをたえず意識しつづけることとして理解されたりしてきたからである（三島，1993）。だからといって，他方で「解釈」という概念に置換することも憚れる。「解釈」は，ある一つのコンテキストのなかでの解釈する個々人の営みであるだけに，解釈の多様性ゆえの対話が解釈共同体のなかで重ねられはするが，そこには主体をすでに越えた伝統が埋め込まれており，解釈共同体のコンテキストを越えて普遍的な妥当性をもちうるのかが問題となるからである（三島，1993）。このように「批判」ということの暴力性と相対主義，「解釈」ということの伝統に埋め込まれた共同主観主義の両極を越えるために，ここでは「批評」と名づけておきたい。すなわち，批評とは，普遍的な妥当性を求めての自己と伝統と状況と共同体の共同による問い直しなのである。

　授業研究とは，こうした意味での授業の共同批評である。そして，この授業批評のなかで「省察的実践者」としての教師の専門性が自己形成されていくのである。ただし，省察的探究の際限のない機能主義的な追求は，授業それ自体のあり方とそこでの専門性の内容を逆に軽んじかねない。事実，そうした傾向が一部にあるし，もとをたどればショーンの議論にある。前節で提起した授業のあり方と教師の専門性は，この問題に応えるためにある。もちろん，そうした授業のあり方と教師の専門性の内実もまた「批評」の対象とされてしかるべ

きなのである。

こうして，教師は二重の専門性を深めて生きていくのである。

引用・参考文献

中央教育審議会答申「新しい時代の義務教育を創造する」
　　http://www.mext.go.jp/b_menu/shingi/chukyo0/toushin/05102601.htm

東京都教育委員会「『授業力』の定義（案）」
　　http://www.kyoiku.mrtro.tokyo.jp/buka/shidou/jugyouryoku/shiryou.pdf

東京都教職員研修センター「『授業力』診断活用資料集」
　　http://www.kyoiku-kensyu.metro.tokyo.jp/information/jyugyo_shindan_sheet/index.html

京都市総合教育センター／カリキュラム開発支援センター「授業力向上にむけて大切にしたい点（（オンライン版））」
　　http://www.edu.city.kyoto.jp/sogokyoiku/curri_c

大阪府教育センター「授業力『授業評価』『授業分析』」
　　http://www.osaka-c.ed.jp/sog/kankoubutu21/jyugyo-koujo/09-d-jyugyoryoku.pdf

新井琴（2009）「排除されがちな子どもと学校・授業」日本教育方法学会第45回大会シンポジウム（「現代の学校・授業における共同性（平等）の問題」）発表資料．

今泉博・佐藤隆・山崎隆夫・渡邊克哉編（2004）『授業力』旬報社．

岩垣攝・子安潤・久田敏彦（2010）『教室で教えるということ』八千代出版．

上野山小百合（2012）「福島原発事故から『放射能汚染・エネルギー問題』を学ぶ授業」（教育研究全国集会2012〈体育・健康・食教育分科会〉補足資料）．

小川嘉憲（2009）『優しい学校はいかが？――どの子も行きたくなる学校をめざして』文芸社．

H．グードヨンス著，久田敏彦監訳（2005）『行為する授業――授業のプロジェクト化をめざして』ミネルヴァ書房．

小寺隆幸（2006）「数学で世界を読み解く授業を」日本教育方法学会編『教育方法35 学習意欲を高める授業――どのような学力を形成するのか』図書文化．

子安潤（2006）『反・教育入門――教育課程のアンラーン』白澤社．

齋藤純一（2000）『公共性』岩波書店．

佐藤学（1997）『教師というアポリア――反省的実践へ』世織書房．

佐藤学（2010）『教育の方法』左右社．

ドナルド・A・ショーン著，柳沢昌一・三輪建二訳（2007）『省察的実践とは何か――プロフェッショナルの行為と思考』鳳書房．

鈴木和夫（2005）『子どもとつくる対話の教育』山吹書店．

鶴田敦子（2011）「教材としての教科書を問う――子どもによる教科書の評価から」『民主教育研究所年報2010（第11号）』．

日本教育方法学会編（2009）『日本の授業研究—Lesson Study in Japan —授業研究の歴史と教師教育〈上巻〉』学文社．

日本教育方法学会編（2009）『日本の授業研究—Lesson Study in Japan —授業研究の方法と形態〈下巻〉』学文社．

O. F. ボルノー著，森田孝・大塚恵一訳編（1978）『問いへの教育』川島書店．

三上周治（2006）「理科って楽しいよ！やってみよう！」『理科教室』12月号，星の環会刊．

三島憲一（1993）「解釈と批判」『岩波講座 現代思想1 思想としての20世紀』岩波書店．

吉本均（2006）『学級の教育力を生かす吉本均著作撰集3 学習集団の指導技術』明治図書．

吉本均編著（1989）『新・教授学のすすめ4 呼びかける指導案を構想する』明治図書．

Jürgen Habermas（1987）Theorie des kommunikativen Handelns, Band1, Band2, Vierte Auflag, Suhrkamp Verlag.（ユルゲン・ハーバマス著，河上倫逸・藤沢賢一郎・丸山高司ほか訳（1990）『コミュニケーション的行為の理論』（上・中・下）未来社．）

（久田敏彦）

第6章

生活指導実践と教師の専門性

　　　多くの子どもたちが,「生きづらさ」を抱えながら日々の生活を送っている。ある者は問うことを封印し,「自分」を押し殺しながら。ある者は,「自分が自分を止められない」と泣き叫びながら他者を傷つけ,同時に自分をもそれ以上に傷つけながら。
　　こうした子どもたちを前にした教師たちは,「自分」を押し殺して生きる子どもたちの苦悩にも,「自分が自分を止められない」と泣き叫ぶ子どもの苦悩のいずれに対しても想像力を発揮する機会を奪われ,「規範意識」を彼ら／彼女らに植えつける役割を果たすよう,追いたてられている。
　　そこにどのような教師の専門性があるというのだろうか。
　　そのようなところに教師の専門性などないとするならば,多くの子どもたちが「生きづらさ」を抱えながら生きるこの時代にあって教師として生きることを,生き続けることを支える専門性とはいったいどのようなものであろうか。
　　この問いを,以下で共に考えてみよう。

1　「目の前の子どもから出発する」ことと生活指導実践

1.1　教師が出会う子どもたちの世界

　教師として子どもたちの前に立ったとき,あなたの目の前に広がる光景はどのようなものであろうか。「この子たちのためにがんばるぞ」とあなたに決意も新たにさせるような,子どもたちの「キラキラした」まなざしにあふれた光景を思い描くだろうか。それとも,よのなかや学校,さらにはあなたに対して失望し,攻撃的ないし嘲笑的な表情をした子どもたちの顔がならぶ教室の光景であろうか。
　一見穏やかな学級であったとしても,親密性と排他性を同居させた小さなグ

ループに分かれ，グループ間の距離と位置を調整しつつ，グループ内で互いに傷つけたり傷つけられたりする関係を必死に生きている子どもたちが存在することは周知のとおりである。他方で，そうしたグループから排除された者同士がまるで導かれるように結びつき，そのなかで「弱者いじめの連鎖」(北村, 2009) とも言われる，時にはその命まで奪うような過酷な暴力的関係性を生きる子どもたちの存在も，残念ながら稀ではない。また，こうしたグループのいずれにも所属することを潔しとせず，孤独であることを選び取っているかに見える子どもは，自分が見たことや感じたこと，考えたことを他者と確かめ合う機会を失うことで，歪んだ尊大さと卑屈さを強化しかねない日常を生きているかもしれない。

　こうした状況を生きる子どもたちの背後に目を向けると，そこには「健康で文化的な最低限度の生活を営む権利」(日本国憲法第25条) が保障されているとは言い難い生活があっても，そうした状況に陥ったのは「自己責任」であり，公的保障の要求をするなど言語道断であるという主張が少なくない支持を得る情勢がある。ここでは，「能力がある」者や「努力」した者はすべからく報われるべきであり，「能力がない」者や「努力」を放棄した者は従順で，取り換えかつ使い捨て可能な存在としてのみ生きることができればよいといった，幻想を伴う願望や諦念が広く蔓延することとなる。この情勢下では，「生命, 自由及び幸福追求」の権利 (日本国憲法第13条) は，「能力がある」者や「努力」した者にのみ付与される特権として誤解され，不幸な境遇を生きる人びとの状況を放置し，蔑みさえすることが「正当化」される風潮が強化されていく。「従順で，取り換えかつ使い捨て可能な存在」として扱われることの不満や怒りは，「他国の脅威」等の仮想敵の設定によって矛先が変えられ，その不満や怒りそのものから解放されることもない。

　今日において「教員免許状」を得ている者は，上述したような状況やそれに伴う価値観を少なからず受け入れ，身体化してきた可能性が高い者たちである。換言するならば，「能力がない」子どもや「努力」をしない子どもを蔑み，そうした子どもたちに対しては権力的な統制の対象にしてしかるべきであるという価値観を身につけてしまっているかもしれない者たちである。このとき，教

師が出会う子どもたちの世界は，自らが生きてくるなかで足を踏み入れることをあえて思いとどまってきた世界であり，未知なるがゆえに恐怖すら呼び起こしうる世界である。今日において教師として生きることは，こうした世界と改めて出会うことを意味する。

1.2 「適応」させることへの誘惑の背後にあるもの

　未知であるがゆえに恐怖を呼び起こす何ものかを前にしたとき，一般に人間は逃走するか，硬い鎧で身を覆うことで自らを護ろうとする。自分自身への信頼が希薄であればあるほど，その傾向は顕著となろう。このとき，「アナタハマチガッテイナイ」「ワルイノハコドモタチノホウデアル」「セイギハアナタノガワニアル」というささやきが聞こえたならばどうであろうか。そのささやきに自らの存在を肯定する意味合いが込められているがゆえに，多くの場合それが耳に心地よく響くことは間違いなかろう。「ゼロ・トレランス方式」という，寛容など必要ないという教育の在り方は，こうして教師の世界に浸透していくこととなる。

　「ゼロ・トレランス方式」は，「学校規律の違反行為に対するペナルティーの適用を基準化しこれを厳格に適用することで学校規律の維持を図ろうとする考え方」であり，「その根底にある『（処罰）基準の明確化とその公正な運用』という理念そのものは，学校規律という身近で基本的な規範の維持を指導・浸透させる過程で，児童生徒の規範意識（一定の規範に従って行動するという意識）を育成するという観点から，我が国の生徒指導の在り方を考える上でも参考とすべき点が少なくないもの」（文部科学省初等中等教育局児童生徒課「生徒指導メールマガジン」第16号，2006年1月31日付）とされているものである。この「ゼロ・トレランス方式」に込められた理念は「毅然とした対応」を教師に求め，「コドモニナメラレテハイケナイ」「コドモヲキチントサセナケレバナラナイ」と教師を煽る。

　もちろんこのことは，子どもに「ナメラレ」たり「キチントサセル」ことができなかったりする教師は「指導力不足教員」であるという脅迫観念を巻き起こしながら徹底されるのであるが，そうであるにもかかわらず，「毅然とした

対応」それ自体が問題とされることはない。それは「ゼロ・トレランス方式」が子どもたちを教化と統制の対象にし，教師を「正義」の側に位置づけ，そのことによって教師の「自己肯定感」をくすぐり続ける性質に由来すると考えることができよう。

　さらに，この「ゼロ・トレランス方式」が日本に「輸入」されてくる背景に，急速に進む教職員集団の世代交代に対する以下のような解釈があることを忘れるべきではない。すなわち，「学校における生徒指導の現場において，教職員それぞれの判断と対応に頼って運用されてきたのが実情であり，その具体的対応方針や基準の在り方について，必ずしも十分な検討が行われてこなかったという経緯も否定しがたい」（「生徒指導メールマガジン」第16号，同前）という解釈である。2000年代後半から2010年代前半に定年退職を迎える教師たちは，1970年代後半から1980年代に吹き荒れた校内暴力の嵐に青年教師として立ち向かい，1990年代後半から2000年代にかけて学校現場を揺るがした学級崩壊や学校崩壊に対して，経験年数の豊かな教師として子どもたちの前に立っていた教師たちである。その教師たちの経験を「それぞれの判断と対応に頼って運用されてきたもの」として，一般化できないものであるかのように矮小化し，その代わりに「経験豊富な教員の大量退職を迎え，世代交代が進む中で，問題行動に毅然として対応し，生活指導等を通じて学校規律を回復させ，子どもの規範意識の育成に資するという生徒指導の側面について，その今後の在り方等を様々な観点から検討していくことは大変意義深い」（「生徒指導メールマガジン」第16号，同前）ことを主張する。ここには，校内暴力や学級崩壊等に立ち向かった教師たちが自らの実践を通して培ってきた実践的かつ理論的な認識を十把一絡げにして過去の遺物として退け，その代わりに「毅然とした対応」を教師たちのあいだに無批判に浸透させていこうとする意志が透けて見えてくる。

　校内暴力や学級崩壊等に立ち向かった教師たちの培った遺産を捨て去ることと「毅然とした対応」を奨励していくこととのあいだには，子どもたちが生きていくなかで必然的に形成している「文脈」を無視するという共通点がある。このことは教師たちから「考える」ことを奪うことであり，「従順で，取り換えかつ使い捨て可能な存在としてのみ生きること」を要求することでもある。

「アナタハマチガッテイナイ」というささやきは,「アナタハカンガエナクテモヨイ」「タダワレワレニシタガイサエシテイレバヨイ」というささやきでもあるのである。

1.3 「目の前の子どもから出発する」ことの意味と意義

　教師による教育の営みから「考える」ことを剥奪し,教師に「従順で,取り換えかつ使い捨て可能な存在としてのみ生きること」を要求することは,教師として生きることの誇りやよろこびを教師から奪うことである。この権力作用を見誤るならば,志半ばで倒れることも十分にあり得ることであろう。

　しかしながら,教育の歴史は他方で,教師たちから「考える」ことを奪おうとする力に抗い,考えに考え抜いた教育実践を積み重ねてきた歴史でもあった。「生活が陶冶する」(das Leben bildet)ことを思想にまで高めたペスタロッチー(Pestalozzi, J. H.: 1746-1827)や「生活台に正しく姿勢する」ことを自らに課した北方教育の教師たちの言を借りるまでもなく,教師たちが「考える」ことの源には,いつも子どもたちの「生活」があった。子どもたちが生きる「生活」の現実を子どもたちとともに見つめ,「働きかけるものが働き返される」という実践の原則に基づいて,様々な観点から様々なやり方で子どもたちとともに「生活」に働きかけ,そのことを通して子どもたち一人ひとりの発達を保障し,自立へと誘おうとしてきた生活指導実践の歴史を教師たちはもっている。

　「基準の明確化」の名のもとに子どもたちの「文脈」を無視し,子どもたちを統制の対象におこうとするばかりか,教師たちをも「従順で,取り換えかつ使い捨て可能な存在」に貶める今日の情勢下にあって,目の前の子どもたちが生きる「生活」の現実に目を向け,そこから教育の営みを立ち上げていくことを強調することは,いくらしてもしすぎることはないほどの重大な意義があろう。

　しかしながら,目の前の子どもたちの「生活」の現実から出発することは,子どもたちを教化と統制の対象にしようとする社会に曲がりなりにも「適応」して生きてきたそれまでの教師自身の生きざまを厳しく問うことでもある。したがって,今日において教師として生き,教師として在り続けることは,「ま

ちがっていたのはわたしのほうかもしれない」といった自己否定すら辞さない，深い覚悟を引き受けることでもある。

　それでは，目の前の子どもたちの「生活」の現実から出発し，子どもたち一人ひとりの発達と自立を保障しようとする生活指導実践はいったいどのようにすれば可能となるであろうか。以下では，その実践を個人指導と集団指導の統一的展開という観点から考えてみよう。

2　教師の専門性としての個人指導の展開とその課題

2.1　子どもの自立に伴走することと指導の成立

　「ゼロ・トレランス方式」に典型的な，「寛容など必要ない」という思想の広がりの下で，明確化された基準に基づいた「毅然とした対応」が「指導」であると誤解される向きもあるが，教育学の知見の蓄積のなかにおいては，指導とはそれとはまったく別の特質を有するものである。すなわち指導とは，かつて城丸章夫が明らかにしたように，「誘い，やる気を起こさせること」「やることを方向づけること」であり，「みずから判断し行動する自由な個人ならびに集団に対してその判断や行動に非強制的に働きかけること」であり，それは「集団成員の成員としての判断や行動，あるいは集団自体としての判断や行動にかかわって行われるもの」である（城丸，1977）。ここで示された，「非強制的に働きかける」ことが指導の特質であるという提起の重要性は，ある特定の方向を強制し，命令することを含意する「毅然とした対応」が求められる今日的情勢下にあって，改めて考慮される必要があろう。

　しかしながら，教師による「誘い，やる気を起こさせる」ような「非強制的な働きかけ」では子どもたちに教師の意図が伝わらないという実感が，「アナタノシドウハナマヌルイ」という批判を受け入れさせ，「毅然とした対応」の方へと向かう誘いに教師たちを乗らせているのではなかろうか。だが先に見たように，「毅然とした対応」を求める風潮は，教師たちを「従順で，取り換えかつ使い捨て可能な存在」に貶めるものであった。この風潮に与さず，教師としての誇りを失わずに生きることを選び続けようとするならば，「毅然とした

対応」とは異なる働きかけを行い，その働きかけが子どもたちに受け入れられなければならない。では，子どもたちが受け入れずにはいられない教師からの働きかけは，何に向かって誘うものであるのであろうか。

　「誘い，やる気を起こさせること」「やることを方向づけること」を実現する手がかりとして，城丸は「見とおしを明らかにすること」「やることの価値を明らかにすること」「やり方を教えること」「やったことを分析・総括して新たな見とおしを明らかにすること」が重要であることを提起していた（城丸, 1977）。この提起に改めて学びつつ，今日の子どもたちが置かれている，冒頭に述べたような状況に鑑みるならば，その誘いは，「この教師の指導を受け入れるならば，自分はきっと排除されることなく，この学級（学年）のなかに安全で，安心できる居場所ができたり，友だちができたりするだろう」という見とおしを子どもたちの前に提示できたときに，彼ら／彼女らをして教師からの誘いの方へと一歩をふみださせるのではないだろうか。

　たとえば，幼いころから家庭のなかで暴力的な関わりを受けていたり，日々の生活に追われるなかで保護者から十分な関わりを得ていると実感することができないままに，自分を押し殺して生きてきたりした子どもたちが抱える苦悩を想起してみよう。彼ら／彼女らは，自分のふるまいや感情をコントロールするすべを身につける途上にあるがゆえに，周りの子どもたちとのあいだで些細なことから衝突をくり返してしまう。その結果，学校からは寛容など必要のない統制の対象としてみなされ，子どもたち同士の世界のなかでは異質な「よそ者」として排除される。こうして二重，三重に抑圧される彼ら／彼女らは，それでもなお，いやそうであるからこそなおさらに，他者と共に生きる世界に自分も位置づくことをけなげにも熱望するが，「オマエガハイジョサレルノハ，オマエジシンノセイダ」という自己責任論に由来するまなざしをあびせられ，自身に深い傷を負わせられる「生活」の現実を生きている。

　こうした子どもたちにとって，自らに対する教師の指導が，「あなたもこのがっきゅう（がくねん）のなかでいきることはかのうであるし，こうすればそれはうまくいく」ことを確信させるものであったならば，彼ら／彼女らはその誘いに乗らずにはいられないであろう。ここに指導が成立する端緒があるので

ある。だがこの誘いは，教師自身の子どもたちへのまなざしが自己責任論から解放されたものであることに裏打ちされて初めて可能となるものでもあることは指摘するまでもない。

2.2 子どもを理解することをあきらめないための視点

　子どもたちへのまなざしが自己責任論にとらわれているとき，当該の子どもの否定的なふるまいに対する断罪はあっても，そうしたふるまいに至らずにはいられない理由への想像力が発揮されることはない。それどころか，「ヤッパリアノコハ○○ダカラドウシヨウモナイ」という，その子どもの発達可能性を否定する見解に身をゆだねて教師としての責任を果たすことを放棄し，「ワタシノセイデハナイ」と居直りさえするところまで堕ちていく。それは，教師がこれ以上傷つくことから自分自身を護ることで，結果として子どもを理解することを，ひいては教育の営みを続けていくことをあきらめることである。

　子どもたちの「生活」の現実に向き合えば向き合うほど，教師として生きることをあきらめさせていく力が幾重にも作用する今日の情勢下で，それでもなお教師として生きることを追求しようと，日本の教師たちは模索し続けてきた。それはとりわけ，洗練された子ども理解の視点を培うことになった。

　学級崩壊という，教師にとっても子どもたちにとっても苦しく，深い傷を負わずにはいられない「生活」の現実と向かい合うなかで，日本の教師たちは子どもたちの発達保障と集団の関係に関する新たな手がかりを獲得した。その手がかりは，同じ学年に在籍する子どもたちであってもそれぞれが向い合っている発達課題は異なる場合があり，子どもたち同士のトラブルは，そうした発達課題の違いに由来する，他者との関係の結び方の違いに起因するという認識を基にしている。

　子どもたちは，他者への／自己への／世界への信頼によって構成される基本的信頼感を保護者との身体的で情緒的な関わりのなかで醸成していく。そうした基本的信頼感を土台にしつつ，「見たて・つもり」遊びや簡単なルールに基づいた遊びに興ずることを通して，他者と交わる力を育んでいく。この力を発揮しながら子どもたちは「同質同等」の子どもたちからなる集団を形成し，独

自の価値観やルールに基づいた，よりダイナミックな活動を展開していく。こうした活動のなかで子どもたちは自分たちの価値観やルールを問い直しつつ，「異質共同」の子ども集団を構築し，実質的な対等平等の関係を摑みとっていく。この過程のなかで，子どもたちは「親密な他者」と出会い，その存在との共感的で対話的な関係を支えにして自分の存在を見つめ直し，精神的な自立を獲得していく（船越ほか，2002）。

　学級崩壊と向かい合った教師たちが気づいたのは，たとえば小学校中学年の子どもたちのなかで起きるトラブルは，「同質同等」を追求する子ども集団のなかに，何らかの事情でようやく他者と交わる力を育み始めたばかりの子どもが混在することによって生じるすれ違いに端を発し，非寛容な時代状況を身体化してしまっている子どもたちが異質な存在を攻撃したり，排除したりすることによって激化していくという構造であった。このような，言わば幼児期を生きる子どもと少年期を生きる子どもが同じ教室のなかで生活しているからこそ起こる問題は小学生に特有のものではなく，場合によっては，中学生のあいだでも起こりうることが実践のなかで確かめられてもきた（船越ほか，2002および中村ほか，2005）。

　もちろん，その時点において立ち向かっている発達課題がちがう子どもが同じ集団に所属することで互いの発達をより充実したものにすることが可能でもあることは，この国の保育実践がくり返し確かめてきたことでもある。だが，こうした互いの発達上のちがいが発達の原動力たる矛盾に転化することなく，むしろ「遅れている」方を蔑み，攻撃し，排除せずにはいられないように子どもたちが駆り立てられていることもまた，子どもたちの現実の姿である。したがって，なぜこうした状況へと子どもたちは追い詰められていくのかを問うこともまた，子どもを理解しようとする際の重要なポイントとして浮かび上がってこよう。

　同時に，子ども集団のなかで蔑みや排除の対象としてみなされる子どもたちは，多くの場合，過去数年にわたってそのような存在としてみなされ続けてきた歴史を背負っている。したがってその子どもたちを理解しようとすることは，蔑まれ，排除されることを通して負うことになったその傷の深さを推し量ろう

とするものでなければならないであろう。もちろんそのことは容易なことではない。だがこの国の教師たちは時として，彼ら／彼女らに傷つけられることによってできた自らの「傷」の深ささえも手がかりとし，そのようなふるまいでしかヒトやモノやセカイとの関係を切り結べないでいる子どもたちの関係の在り様の意味やその理由を問うことを通して，その子どもたちを理解しようとしてきたのであった。

　子どもたちを理解することをあきらめない教師たちが，ケアという行為をその教育的な営みのなかで意識的に展開し始めたのは，その意味で必然であった。

2.3　ケアすることの必要性とその困難

　深い傷を負わされ続けてきた子どもたちは，場合によってはその人生のほとんどにわたって家族や学校のなかで，何よりも子どもたちの世界のなかで傷つけられ続けてきた子どもたちでもある。そのような子どもたちであってみれば，「ドウセワタシハナニヲヤッテモムダナンダ」「ワタシナンテイキテイルカチナンテナインダ」「ワタシナンテウマレテコナケレバヨカッタンダ」と思い込まされていたとしても，何の不思議もない。この国の教師たちの少なくない者たちは，こうした子どもたちの時として理不尽で不可解なものにしか見えないふるまいを，深く傷つけられ続けてきたがゆえのやむにやまれない行為としてとらえ，その行為のなかに潜む彼ら／彼女らなりの意味や理由を見い出そうとつとめながら，彼ら／彼女らのことを配慮し，呼びかけ，応答してきた。教師たちのこうした一連のふるまいはケアすることと名付けられ，その重要性が再確認されてきている。

　深い傷を負わせられ続ける境遇を生きる子どもたちは，その内面に支配的で抑圧的な他者を住まわさずにはいられない。ケアすることとは，その働きかけを通して子どもたちのなかに共感的な他者を住まわせ，彼ら／彼女らに人や世界は信頼に値するものであることを実感させていくこと，つまり基本的信頼感の獲得をめざすものである。それは，人がこの世に生まれおちた時から日々の生活の営みのなかでくり返し行われてしかるべきものではあるが，そうした経験に乏しい子どもたちに対する，彼ら／彼女らの発達を保障する試みでもある。

ケアしてくれる人が「子どもよりもはるかに強力であるのに子どもの個人性と尊厳性とを尊重して示してくれるからこそ，子どもは価値を与えられ尊敬されていると思い」，自己に対する肯定的な感覚を育むことができるのである（ハーマン，1999）。

言うまでもないことであるが，こうした試みは今日において初めてなされ始めたものではない。たとえば，「水遊び」と称して子どもたちにホースで水をかけてやりながら，そのなかにいるはずのお風呂に入れてもらえない子どもたちの身体の汚れを落としてやり，濡れた身体をタオルで丁寧に拭いてやることを通して人と人とのふれあいを実感させていくような試みは，古くから多くの教師たちがやってきたことである。

しかしながら，子どもたちに基本的信頼感を獲得させていく働きかけをあえてケアすることと名付けることには，大きな意味がある。それは，ケアするという行為のなかに刻み込まれている権力作用に目を向けることを可能にするからである。

ケアするという行為について岡野八代は，「具体的な他者を『傷つけないこと』，実際に被るかもしれない『危害を避けること』という一義的な要請のために，特定の他者へと向けられる実践」であると定義づける。それは「具体的な状況のなかで発せられた他者からの声に応答する責任」に基づいて行われるものであり，こうした関係性を「取り結べない状態で誰かが放置されたままにあることを避ける」ことが重要であることを提起する（岡野，2012）。ここでいう「具体的な状況のなかで発せられた他者からの声」は，その「声」を発する人の身体から生まれるものである。したがってケアするという行為は，具体的な個人の身体性から発せられるニーズに応答するものである。だがそれは今日の社会においては「公的な市民たちの義務の体系には属さない問題」であるとして，公的領域から排除される。それどころか，「身体に発するニーズ」に左右される者やそのニーズに応えようとする者は，ともに自由を制限された状態にある存在と定義づけられ，「市民ではない他の誰か」として排除されさえするのである（岡野，2012）。

換言するならば，深い傷を負わされ続けてきた子どもたちに呼びかけ，応答

しようとすることは，学校という「公的な領域」にそぐわない行為であるとして，そうした子どもたちだけでなく彼ら／彼女らを見捨てまいとする教師たちもまた，排除される対象として位置付けられることを意味している。ここにもまた，教師たちを「毅然とした対応」へと向かわせる誘惑が隠されている。加えて，「ケアを担った者が，ケアを受けた者たちから，それ相応の応答を得られない」場合があることは周知のとおりであり，したがってケアをするという行為においては「葛藤や軋轢からは逃れることができない」（岡野，2012）。こうした軋轢や葛藤に由来する苦悩は，それが苦しければ苦しいほど，「毅然とした対応」への誘惑を断ち切り難くなろう。だがくり返し述べてきたように，この誘惑に与することは，「従順で，取り換えかつ使い捨て可能な存在」に自分自身を貶めることであり，教師として生きることの誇りと喜びを，自ら放棄することであった。

　「従順で，取り換えかつ使い捨て可能な存在」になることを拒否し，どんな子どもであろうと見捨てない教師で在り続けようとすることは，「毅然とした対応」をするか子どもたちもろとも排除されるかの二者択一を迫ってくる構造への闘いを要求する。それは，今までそのことを疑うことなく，いやむしろ疑うことを避けてきた自分自身の「弱さ」と闘うことをも要求する。このことは，深く傷つけられ続けてきた子どもたちと共に生きることのできる社会を創造する行為であるが，それこそが個人指導とならんで教師の専門性を形成する集団指導がめざすものなのである。

3　教師の専門性としての集団指導の展開とその可能性

3.1　指導への合意の調達と対話・討論

　深く傷つけられ続けてきた子どもが奪われあるいは破壊されてきた基本的信頼感を改めて育むことをめざしてケアする教師は，それが具体的な子どもに呼びかけ，その子どもの身体から発するニーズに応答する行為であるがゆえに，つまりそれが「公的な領域で行われるべきものではない」ものとしてみなされるがゆえに，排除される圧力に常にさらされている。教師であり続けようとす

るならば，その力に抗い続けることが必要となるが，その際，教師の指導（＝誘い）の正当性が子どもたちに理解し承認され，その指導を受け入れることを彼ら／彼女らが望んだときに，排除の圧力を押し返す手がかりを得る。

　教師のケアする行為が学級のなかでの「少数派」である，深く傷つけられ続けてきた子どもに対するものであっても，その行為の意味するところが「あなたもこのがっきゅう（がくねん）のなかでいきることはかのうであるし，こうすればそれはうまくいく」ということを伝えるものであることを理解し，今まではその子どもを排除する側にいた「多数派」の子どもたちもまた「わたしにとっても，きっとそうだ」と思うことができたときに，教師の指導に対して合意が与えられる。

　そうした合意を得るためにも，教師は対話する機会を大切にし，子どもたちと語り合ったり，時にはその指導の是非をめぐって討論したりすることが重要となる。そうした対話や討論は，深く傷つけられ続けてきた子ども本人と行っていくことが大切なのは言うまでもない。さらにこのことと同等以上に重要なことは，子どもたちの世界で影響力をもっていたり，「あんなことやこんなことをしてみたい」という前向きな調子（＝トーン）を醸し出してくれていたり，深く傷つけられ続けてきた子どもの苦悩に寄り添いながら物事を考えることができたりするような子どもたちをいち早く発見し，そうした子どもたちと語り合い，討論し合うことであり，そのことを通して教師とその子どもたちとのあいだに，また子どもたち同士のあいだに柔軟で弾力性に富んだ関係の網を紡いでいくことである。

　他方で，こうした指導の進み行き具合を同僚の教職員たちとも語り合い，時にはいわゆる「ケース会議」等の開催をも要請しながら，子どもたちの現状と自らの指導に対する支持を確かなものにしていくことが求められる。このことは，「自分やあの子どもを排除させないし，自分の指導に横やりも入れさせない」という「消極的な」理由からだけではない。むしろ，ケアすることの重要性を理解し合い，それに基づいた自分の指導を展開することのできる教職員集団を形成していくことは，一人ひとりを本当の意味で大切にすることのできる学校を現実のものとしていくことにつながっているという「積極的な」理由か

らも，教職員のあいだで対話と討論を生み出していくことが求められているのである。

ここにおいてすでに明らかなように，集団指導とは「規範意識」を形成し，既存の秩序に適応させることをめざしたものでは決してない。そうではなくて，教師の指導の正当性を子どもたちとともに検討しながら，自分たちがお互いにとって安心でき，成長し合うことができる集団や学校に向かって歩みを進めることができているのかどうかを互いに確かめ合い，その方向に向かって必要なことを自分たちで選び取っていくことができるように誘うことこそが，集団指導なのである。

3.2 「共有課題」の意識化と共同・協同

集団指導は，子どもたちに自身の所属している集団が安心できて，それでいて自他の成長を実感できるような集団に変えることができているのか，変わりつつあるのかを彼ら／彼女らに認識させていくことが欠かせない。そのために教師はたとえば「学級地図」を書くことを通して個人と集団，集団と集団の関係を分析し，子どもたちがその時どきにおいて何を求めているのか，何こそが彼ら／彼女らの課題であるのかを読みひらこうとしてきた。さらにその分析に基づいて子どもたちと対話し，討論しながら，子どもたちの「今」と「これから」にとって必要な活動は何なのかを構想し，その活動を子どもたち自身が発議し，実行できるように誘いかけ，その活動の総括の仕方を教えることで，彼ら／彼女らの願いに応えようとしてきたのである。

近年の生活指導実践では，たとえば「学級内クラブ」と言われる，子どもたちの興味や関心に応じて立ちあげられる活動の重要性が提起され，多くの教室で旺盛に取り組まれてきている。この活動は，言うまでもないことであるが，「勉強」に追い立てられ，友だちと遊ぶことすらままならない子どもたちの「ガス抜き」をしたり，時間を確保しづらい特別活動の代替物の役割を果たさせようとして取り組まれていたりするものでは決してない。そうではなくて，「興味のあること」を媒介にして友だちと出会い，つながり，思い切り遊びたいという，幼児期から少年期を生きる子どもたちの内面に潜む共通の願いに依

拠している。その願いは同時に，子どもたちが発達し自立していくうえでの「共有課題」であり，その課題に挑戦することそのものが楽しく，充実しているからこそ，子どもたちは喜々として取り組むのであり，多少のトラブルがあったとしてもそれを何とか解決して，さらなる楽しさを追求していこうとするのである。

このことは，中学生の子どもたちが進路選択を前にしたとき，とりわけ深く傷つけられ続けてきた子どもたちを中心に不安定になっていくなかでの学習の取り組みにも通底している。こつこつと積み重ねていくことが必要な学習の取り組みは，傷つけられ，自己否定感を身体に刻みつけている者がもっとも苦手とする活動の一つである。しかしながら，そうした学習は他の子どもたちにとっても困難を伴うことがあること，進路を選び，どのように生きていくのかを考えることは，多くの子どもたちにとってもまた苦しいことであることを「じぶんだけではなく，みんなもそうだったのだ」と確かめえたとき，それぞれの進路実現への取り組みは「共有課題」として自覚され，その課題に共同的に取り組んでいく実践が可能となるのである。

互いを蔑むようにうながされ，自分の頭で考えることさえ奪われつつある今日的状況のなかでは，子どもたちが自分たちの力で「共有課題」に気づいていくことは不可能に近い。だが，「共有課題」は何なのかを問わず，それを見い出そうともせずに形だけをまねて何らかの活動に取り組もうとしたとき，その活動を乱す者は取り締まりの対象となり，制裁を加えられさえしていく。それは楽しそうな活動を「餌」にして「悪者」をおびき出し「成敗」するという，きわめて暴力的な行為である。だからこそ，目の前の子どもたちの「共有課題」を彼ら／彼女らとともに見い出し，その課題への挑戦を具体的な活動として提起し，実現していくことが，集団指導のもっとも重要な視点となるのである。

3.3 子どもたちの発達と自立の保障と自治の指導

「共有課題」を見い出すことは，換言するならば，「わたしのなかにあのこがいる」ことに気づくことであり，「あのこがぶつかっているもんだいは，わた

しがきづかないふりをしてとおりすぎようとしていたあのもんだいとねっこはおなじなんだ」ということに気づくことである。このとき，子どもたちはその課題の当事者として立ち現れることとなる。「アノコノコトナンカホットイテ，ワタシタチダケデサキニススモウヨ」という主張は，もはや支持を集めることはない。

　複数の人間が「共有課題」への挑戦に当事者として臨むとき，その挑戦は集団的な取り組みとなる。だが，集団的な取り組みはしばしば第三者による，つまりその課題の当事者ではない者による管理統制のための手段として利用される事実があることは否めない。自らの頭で考えることを奪われ，その状態に順応してきた者にとっては，集団的な取り組みは集団に適応することが「善」であるという思想を身体にきざみこむものであることに疑いを抱かない。

　こうした状況のなかを生きているからこそ，集団的な取り組みを「共有課題」に挑戦する当事者たちによる活動として再構築していくことが，生活指導実践の重要な課題となる。その際，生活指導を大切にする教師たちがこだわってきたのが，自治することをその集団に指導することであった。「自分たちのことは自分たちで決める」「決めたことは絶対に守る」「守ることができそうにないことは決めない」「一人ひとりの『声』を抑圧することも黙殺することもしない」といった原則を押さえつつ，活動の目標・内容・方法等を討議し決定していく仕組みを整え，実行し総括する営みを経験させながら，その活動を文字どおり「自分たちによる，自分たちのための活動」として展開させていく。このことの積み重ねのなかで「共有課題」への挑戦を成し遂げさせることで，子どもたち一人ひとりの発達と自立を保障していくとともに，そのことを可能にした集団そのものの質的発展を実現させようとしてきたのである。

　「共有課題」に挑戦する当事者たちによる活動を自治的活動として展開することは，換言するならば，自立への課題に向かって当事者同士が共に闘う活動であることをも意味する。そこでは，その課題を課題たらしめているお互いの「弱さ」を認識し，そこに甘んじていることに対する批判をも互いに受けとめながら，課題の克服に向かって手を携えて歩いていく活動でもあろう。それは時につらく，厳しいものであることは疑いえない。しかし同時にそれは，共に

成長し，共に生きていこうというエールの交換でもある。この国の生活指導を大切にしてきた教師たちは，こうした取り組みを少しずつ積み重ねながら，子どもたちの集団を，学校を，よのなかを，すべての人びとにとって生きるに値する場につくりかえようとしてきたのである。

　この系譜に連なる教師として生きようとすることは，今日においてはとりわけ重大な覚悟を必要とするかもしれない。その覚悟が試され，揺らぎ，葛藤し，傷つけられさえすることもあろう。だが，葛藤し，傷つきさえするその姿を見て，子どもたちは自分たちを抑圧する権力者としてではなく，共に生きるに値する，まさに「先に生まれた」存在であることへの尊敬の念をもって彼ら／彼女らはあなたのことを「せんせい」と呼ぶであろう。

　共に生きるに値する存在として受け入れられたことの喜びと，そこまでの期待をかけてくれている子どもたちの呼びかけに応答する責任が，日本の教師たちを奮い立たせてきた。

　次は，あなたの番である。

引用・参考文献

岡野八代（2012）『フェミニズムの政治学──ケアの倫理をグローバル社会へ』みすず書房．

北村年子（2009）『「ホームレス」襲撃事件と子どもたち──いじめの連鎖を断つために』太郎次郎社エディタス．

篠崎純子・村瀬ゆい（2009）『ねぇ！聞かせて，パニックのわけを──発達障害の子どもがいる教室から』高文研．

城丸章夫編（1977）『新しい教育技術 総論』日本標準．

全生研常任委員会編（1990）『新版 学級集団づくり入門 小学校』明治図書．

全生研常任委員会編（1991）『新版 学級集団づくり入門 中学校』明治図書．

竹内常一（2013）「指導とケア・対話・討議」高生研編『高校生活指導』第195号，教育実務センター．

竹内常一・佐藤洋作編（2012）『教育と福祉の出会うところ──子ども・若者としあわせをひらく』山吹書店．

中村牧男ほか編著（2005）『ゆきづまる中学校実践をきりひらく──苦悩を乗り越え，共同の世界へ』クリエイツかもがわ．

日本生活指導学会編著（2010）『生活指導事典――生活指導・対人援助に関わる人のために』エイデル研究所．

ハーマン著，中井久夫訳（1999）『心的外傷と回復［増補版］』みすず書房．

船越勝ほか編著（2002）『共同グループを育てる――今こそ，集団づくり』クリエイツかもがわ．

文部科学省初等中等教育局児童生徒課「生徒指導メールマガジン」第16号，2006年1月31日付

　　http://www.mext.go.jp/a_menu/shotou/seitoshidou/magazine/06062901.htm

（福田敦志）

第7章

教育評価における教師の専門性

　「教育評価」ときいて，読者はまず何をイメージするだろうか。テストや通知表をイメージする方が多いのではないだろうか。
　近年，PISA調査などの国際的な学力調査，全国学力・学習状況調査などの国内での調査が実施され，その平均得点の順位ばかりが注目を集めている。
　しかし，平均得点の順位に目を向けることが，子どもの学びの実態を把握することにつながるのか。平均得点を上げることに教師の専門性があるのだろうか。
　本章では，子どもの学びをとらえ，それを授業改善に生かすアプローチを検討するとともに，評価主体は教師だけであるのか，その権威性を問うていきたい。

1　教育評価における課題

1.1　子どもの学びの実態の把握

　1999年3月26日付の『週刊朝日』で，「東大，京大生も『学力崩壊』」という記事が掲載され，その直後には，経済学者西村和雄たちによる『分数ができない大学生』が刊行された。ここから，わが国で第二次世界大戦後三度目となる「学力低下」論争が始まった。
　この論争はその後，文部科学省が，「学びのすすめ」（2002年1月）を出し，翌年には学習指導要領の一部改訂（「確かな学力」の育成と「習熟度別指導」と「発展的な学習」を強調）をするほどに影響を与えた。
　田中耕治（2008a）によれば，この1999年以降の学力問題は，当初いわゆる「読み書き算」の基礎学力が低下しているという指摘から出発したものの，PISAにおける「リテラシー」概念を受けて，学力の発展的な様相を示す応用

力や活用力を重視するという展開となっていった（田中，2008a：15参照）。とりわけ，第2回PISA調査（2003年実施，2004年結果公開）において，「読解リテラシー」の成績が芳しくなく，折からの「学力低下論争」と重なり，読解力重視が強調されることとなった。

　PISA調査は，2008年に改訂された学習指導要領にも影響を与えた。第1章総説の「1．改訂の経緯」では，わが国の児童生徒には，思考力・判断力・表現力等を問う読解力や記述式問題，知識・技能を活用する問題に課題があることがPISA調査から明らかになったと述べられている。

　教育評価政策においても，明らかにPISA調査を意識したものが，2007年度から実施された。それは，小学6年生と中学3年生を対象に，2009年度までは悉皆調査，2010年度，2012年度は抽出調査（2011年度は，東日本大震災により調査としての実施は見送られた），そして2013年度は再び悉皆調査となった，「全国学力・学習状況調査」，とりわけ「応用力」をみる「B問題」である。

　調査が実施されると，世論の注目を集めるのは，PISA調査であれば日本の順位であり，全国・学力学習状況調査であれば都道府県別の順位である。PISA調査の場合は，先述のように2003年に実施された第2回調査結果において，読解リテラシーの平均得点が8位から14位に下がったときに，「学力低下」がいっそう叫ばれるようになった。

　しかし，順位ばかりに目を向けていては，子どもの実態をとらえきれない。PISA調査でいえば，諸外国と比較して高い無答率に目を向けなければならないし，日本は得点の高い生徒と得点の低い生徒とで得点の幅が大きい傾向があり，学力格差が明らかになっている。

　また，2009年に実施された第4回PISA調査において，読解リテラシーが8位に「回復」したことを受け，文部科学省は，主に4つの政策（「学びのすすめ」，2003年の学習指導要領一部改訂，2005年に打ち出した「読解力向上プログラム」，「全国学力・学習状況調査」）が効果を上げたと考えた（朝日新聞，2010）。しかし，「PISA型読解力」を授業のなかで形成するようにし，PISAを意識した日本の学力調査を受けて臨んだPISA調査結果が，本当に子どもたちの「学力」の実態をつかめているのだろうか。実際，2009年のPISA調査の対

象となった高校1年生の多くは，前年の2008年4月（中学3年生のとき）に，全国学力・学習状況調査を受けた子どもたちである。

　　＊順位は同じ8位であるが，第1回調査（2000年）の参加国数は32カ国，第4回年調査（2009年）の参加国・地域数は65カ国・地域であり，単純比較はできない。

　教育評価は，子どもたちの得点や，国や都道府県の順位を明らかにして終わり，というものではない。子どもたちの学びの実態をつかむものでなければならない。そうでなければ，以下で述べるような授業の改善に生かす評価とはなりえないのである。

1.2　授業改善に生かす評価

　2001年の指導要録改訂により，「目標に準拠した評価」が，「相対評価」にとってかわった。1948年の指導要録以後，数々の批判を浴びながらもその権威を及ぼしていた「相対評価」が，ついに指導要録から姿を消したのである。

　「相対評価」は，「集団に準拠した評価」とも呼ばれるように，集団における位置や序列を明確にする評価であり，正規分布曲線に基づいて評価をする（たとえば，5段階相対評価なら，7％の子どもたちに「5」，24％に「4」，38％に「3」，24％に「2」，7％に「1」と成績をつける）。

　登場した当時から批判がなされていた「相対評価」だが，その問題点は，田中耕治（2010）によれば，歴史的には，以下のように自覚されてきた。

　まず，必ずできない子がいるということを前提とする非教育的な評価論であること，第二に，排他的な競争を常態化させて，「勉強とは勝ち負け」とする学習観を生み出すこと，第三に，学力の実態を映し出す評価ではないこと（そこで獲得した学力がめざすべき教育目標に達していたかを証明していない），第四に，子どもたちの努力（不足）や能力（不足）のみが問題とされ，教師が自らの教育力量を点検し，かつ鍛えるという，本来の教育目標の目的や役割をもたなくなること，である（田中，2010：8-9参照）。「相対評価」に対する批判は，単なる教育評価の一手法への批判というより，「相対評価」の基盤にある能力観や教育観に対する批判としておさえなければならない。必ず「できない子」がいる，それはその子どもに能力がないから，努力が足りないからだと

とらえてしまうと、教師の授業改善につながっていかない。

「相対評価」に「目標に準拠した評価」がとってかわって、10年が経過した。「目標に準拠した評価」は教師たちにどう受けとめられ、実施されているのだろうか。

文部科学省は、2009年に実施した「学習指導と学習評価に対する意識調査」と、2003年に実施した「学校教育に関する意識調査」とを比較検討し、まとめている（中央教育審議会初等中等教育分科会教育課程部会、2010）。

それによれば、「授業の目標が明確になり、学力などを多角的に育成することができる」、「児童生徒一人一人の状況に目を向けるようになる」といった点で、その意義が認められるようになってきている。また、「児童生徒の学力などの伸びがよく分かる」と答えた割合が、「そう思う」「まあそう思う」を合わせて増加していることから、「『目標に準拠した評価』導入から10年を経て、一定の理解が現場に広がったことがうかがわれる」と田中耕治は指摘している（田中、2010：14参照）。

＊授業の目標が明確になり、学力などを多角的に育成することができる」については、「そう思う」または「まあそう思う」と回答した教師の割合は、小学校84.5％、中学校76.7％、高校68.5％、「児童生徒一人一人の状況に目を向けるようになる」については、同様に、小学校87.9％、中学校79.7％、高校75.4％である（文部科学省（2009）「学習指導と学習評価に対する意識調査」19頁参照）。

しかし、「児童生徒の学習評価の在り方について（報告）」（2010年3月24日）で明らかになったように、「学習評価を授業改善や個に応じた指導の充実につなげられている」と感じていない教師が約29％いることは、指導の改善へとつなげるうえで、深刻に受けとめるべき課題である（田中、2010：14-15参照）。教師が設定した目標に照らし合わせて子どもの学びを評価することにとどまるのではなく、それをどう授業改善に生かすのか、いわゆる「指導と評価の一体化」における教師の専門性が、いっそう問われている。

2 教育評価研究の発展

2.1 構成主義的学習観に基づく「真正の評価」論

　アメリカ合衆国において，連邦政府や州政府が実施する標準テスト（大人数に実施可能で，結果の一貫性が保たれた，大量生産される多肢選択型テスト）（ハート，2012：3参照）では子どもの学力を総合的にとらえられないという批判が起こった。こうした標準テストに対する批判を背景に，その必要性・重要性が広がったのが，「真正の評価」である（西岡，2003：43参照）。ここではまず，「真正の評価」の根底にある構成主義的学習観，それによって教育評価研究がどう発展したのかを明らかにする。

2.1.1 構成主義的学習観と教育評価

　そもそも，構成主義的学習観とは何か。田中耕治は，構成主義が提起している学習のモデル化についての着眼点として次の4点を挙げている（田中，2008b：116-120参照）。第一は，子どもたちはそれまでの学習や生活の経験に基づいて，教師たちの指導を受容，解釈，あるいは拒否することで，自らの学習の整合性，一貫性，安定性を保っていること，第二の特質は学習の「文脈（コンテキスト）」依存性，第三は学習における知識表現の多面性であり，最後に第四として学習の組み換え性，つまり「科学知」と「生活知」，「学校知」と「日常知」の関係を調節し組みかえつつ子どもが学ぶということである。第二の文脈への注目が動因となっているものとして田中が挙げているのが，「真正の評価」である。

　こうした学習モデルにおける変化は，教育評価の変化を促した。アンダーソン（Anderson, R. S.）は，高等教育における事例を用いながら，伝統的な評価とオルタナティブな評価（真正の評価，パフォーマンス評価，ポートフォリオ評価）との差異を明確にしている。

　アンダーソンは，伝統的な評価とオルタナティブな評価それぞれにおける哲学的な信念と理論的な想定とを対比させている（Anderson, 1998: 8-11）。たとえ

ば，学習についていえば，伝統的な評価は，受動的な過程として学習を扱うが，オルタナティブな評価は，能動的な過程として扱う。さらに，前者は階層的なモデルを包含している（指導者だけが決定権をもっている）が，後者は共有モデル（民主的な意思決定）を包含している。田中が構成主義の学習モデルにおいて示唆していた子どもの能動的な活動としての学習過程のとらえ方が，オルタナティブな評価の中核をなす。

2.1.2 「真正の評価」論の特徴

構成主義的学習観を基盤として，近年主張されている評価の立場が，「真正の評価」である。「真正の評価」とは，提唱者の一人であるウィギンズ（Wiggins, G. P.）によれば，「大人が仕事の場や市民生活の場，個人的な生活の場で『試されている』，その文脈を模写」（Wiggins, 1998: 24）しつつ評価を行うことである。標準テストのような，それまでの学びと切り離された状況で知識の多寡を競うような評価ではない。

ウィギンズは，現実生活においては特定の問題の解決のためには特定の文脈のなかで自分の知力や必要とされる知識や技能を用いるという現実認識に立って，パフォーマンスの多様で豊かな文脈を模写あるいはシミュレートすることを「真正の評価」論において最重視し，これを裏づける知見として状況論を援用する（遠藤，2003：38参照）。評価における脱文脈化を批判し，学習者がおかれている文脈のなかで実態をとらえようとするのである。

「真正の評価」に含まれ得るものとしては，口頭でのインタビューや，グループでの問題解決課題，筆記ポートフォリオの作成など，様々な活動が挙げられ（ハート，2012：12参照），それまでに習得した知識を紙の上に再現するテストとは異なった，総合的な力が評価される。こうした「真正の評価」を理論的支柱とする評価法が，次に検討する，パフォーマンス評価とポートフォリオ評価である。

2.2 パフォーマンス評価における教師の専門性
2.2.1 パフォーマンス評価の特徴

「真正な評価」の具体化である,「パフォーマンス評価」は,PISA調査で採用されている評価方法であり,近年では,わが国の学校現場でも取り組まれてきている(西岡・田中,2009;田中・香川大学教育学部附属高松小学校,2010)。

「パフォーマンス評価」とは,松下佳代によれば,「ある特定の文脈のもとで,様々な知識や技能などを用いて行われる人のふるまいや作品を,直接的に評価する方法」(松下,2010:6)のことである。

「パフォーマンス評価」では,「パフォーマンス課題」を与えて解決・遂行させ(学力をパフォーマンスへと可視化する),それを複数の評価者が,「ルーブリック」と呼ばれる評価基準表を用いながら評価していく(パフォーマンスから学力を解釈する)ものであり,学習指導や学習活動に生かせるように子どもたちの学力の状態を把握することを,第一の目的とする(松下,2010:7-10参照)。すなわち,目に見えない「学力」をパフォーマンスという形で目に見えるようにし,それを評価基準表で解釈することによって子どもの「学力」の状態を摑もうとする評価方法である。

2.2.2 パフォーマンス評価における複数の採点者

松下(2010)には,彼女が携わったお茶の水女子大学のプロジェクト「青少年期から成人期への移行についての追跡的研究」(JELS)で実施したパフォーマンス評価の手続きが掲載されている(表7-1)。

JELSのパフォーマンス評価では,採点者が3人と設定されているが,3人が採点するのは,「恣意的・独断的にならないようにするため」である。

3人でルーブリックの素案を作ったうえで,各自で採点を行い,その採点結果の一致とルーブリックの改善を並行して進める。採点結果を一致させることは,「モデレーション」と呼ばれ,解釈や採点のしかたが異なる場合に議論を重ねていくことによって,同僚性も築かれていくという(松下,2010:27-28参照)。「パフォーマンス評価」では,評価は,一人の教師の手の中に握られるのではない。一人の子どものパフォーマンスを,複数の教師がそれぞれ,どう見

表7-1 パフォーマンス評価の手続き (JELS)

〈1〉 3人の採点者間で,採点とルーブリック作成を行う。
〈2〉 一般評価基準の各観点とスキル・レベルについて,共通理解を形成しておく。
〈3〉 課題分析を行い,予想される解法をリストアップする。
〈4〉 採点に入る前に,課題別採点基準（ルーブリック）の素案を作っておく。
〈5〉 採点者ごとに,採点を行う。
〈6〉 採点結果を1部ずつつきあわせ,得点を採点者間で一致させる。
〈7〉 採点と同時平行で,ルーブリックを修正・加筆していく。
〈8〉 ルーブリックを完成させるとともに,そのルーブリックにしたがって,採点を見直し,得点を確定する。
〈9〉 ルーブリックの説明や解答傾向の分析に役立つように,特徴的な採点事例を抽出する。

出所：松下, 2010：27。

取り,ルーブリックを用いてどう評価したのか,それを突きあわせていく。その過程で,子ども理解が深まると同時に,教師たちの協働的な関係が築かれる可能性をもっている。

また,子どものつまずきや思考プロセスを把握することができ,教師の教材研究や,教師の授業改善にもつながっていく。

2.3　ポートフォリオ評価法における教師の専門性

2.3.1　ポートフォリオ評価法の特徴

「真正な評価」や「パフォーマンス評価」の典型的な方法ともいわれ,わが国では「総合的な学習の時間」の創設を契機に注目されたのが,「ポートフォリオ評価法」である。

「ポートフォリオ評価法」は,「ポートフォリオ」を作ればそれで終わりではない。西岡加名恵（2003）によれば,「ポートフォリオとは,子どもの『作品』（work）や自己評価の記録,教師の指導と評価の記録などをファイルなどの容器に蓄積・整理するものである」（西岡, 2003：39。ただし,太字部分,傍点は原文による。以下同様）。それに対して,「ポートフォリオ評価法とは,ポートフォリオづくりを通して子どもの自己評価を促すとともに,教師も子どもの学習と自分の指導を評価するアプローチであ」る（西岡, 2003：39）。「ポートフォリオ評価法」では,子どもの自己評価と,教師の指導とその評価が鍵となる。

「ポートフォリオ評価法」をとおして,子どもは,自らの学びの実態を把握し,次の学習へ生かしていくことができ,学習主体として,評価主体として,

表 7-2　ポートフォリオ評価法の 6 原則

① ポートフォリオづくりは，子どもと教師の共同作業である。
② 子どもと教師が具体的な作品を蓄積する。
③ 蓄積した作品を一定の系統性に従い，並び替えたり取捨選択したりして整理する。
④ ポートフォリオづくりの過程では，ポートフォリオを用いて話し合う場（ポートフォリオ検討会）を設定する。
⑤ ポートフォリオ検討会は，学習の始まり，途中，締めくくりの各段階において行う。
⑥ ポートフォリオ評価法は長期的で継続性がある。

出所：西岡，2003：53。

自らの学びに向かい合っていくことになる。そのことは同時に，評価が教師に独占されているのではないことを示している。

以下では，「ポートフォリオ評価法」の特徴をおさえたうえで，「ポートフォリオ検討会」における評価基準の創出に焦点を当てたい。

2.3.2　ポートフォリオ検討会における評価基準づくり

西岡（2003）によれば，子どもの作品などを集めながらポートフォリオづくりを進める作業が「ポートフォリオ評価法」となるためには，表 7-2 の 6 つの原則を守る必要がある。

ポートフォリオづくりは，子どもだけで行うのではなく，その過程では，ポートフォリオ検討会が行われるのである。「検討会は，子どもが教師とともにそれまでの学習を振り返って到達点を確認するとともに，その後の目標設定をする場」（西岡，2003：68）であり，子どもと教師の評価が突き合わされる機会となる。

西岡（2003）は，ポートフォリオの所有権（評価基準の設定権と作品の決定権）の観点から，ポートフォリオを次の 3 つのタイプに分類している。すなわち，基準準拠型ポートフォリオ（あらかじめ決められた評価基準を教師が提示する），基準創出型ポートフォリオ（教師と子どもが共同で，交渉しあいながら評価基準を考えながら作っていく），最良作品集ポートフォリオ（子ども自身が自分なりの評価基準を設定し，自己アピールするために作る）である（西岡，2003：66 参照）。ここでは，子どもの自己評価と教師の評価を突き合わせながら，ともに評価基準をつくっていく基準創出型に焦点を当てる。

第7章 教育評価における教師の専門性

　基準創出型ポートフォリオは，西岡によれば，最も一般的な検討会の進め方であり，このタイプでも教師はあらかじめ一定の評価基準をもっている。では，具体的にどのようにして教師と子どもが評価基準をつくっていくのか，Stiggins（2004）で取り上げられた，ジルの作文についての対話を取り上げよう。

【ジルについて，およびジルと教師の対話の概要】

・ジルについて
　ジルはそれまで，書くことや自分が書いたものについて語ることが好きではなく，「私は書けない」と言うことが多かったが，ようやく最近の検討会で心を開きだし，日誌を書くようになっていた。しかし，自分の書いたものについて話したがらず，検討会でも，教師がリードするのを待っていた。

・検討会での相互作用
　ジルは，亡くなった愛犬ラフのことを作文に書き，その作文に関して検討会が行われた。ジルは，作文の終末が「ただ終わってしまう。全体的に言って，私が本当に感じたように書かれていない」ことが気に入らない。ではジルはどのように感じているのかという教師の問いに対して，いつでもラフのことを思い出して寂しがっているのではなく，ひょっとした拍子にドアのところにラフがいるような気がしたり，ラフがグリルからホットドッグを取って怒鳴られ滑ってやけどをしたことがあったから，外で料理をするときにラフを思いだしたりするということを語った。それに対して教師が「ほら，ジルとラフの本当の物語が出はじめているよ！　あなたは私にラフのことを本当の自分のことばで話してくれているし，あなたの感じていることを私は察することができるわ。」と言って，二人で作文を読み返す。そのうえで，ホットドッグを取った話は面白い絵になること，そういった心の中の絵について話すと良くなること，ラフについて思い出す個人的なことを書くようにと教師がアドバイスする。「何とか書けそうだ」というジルの発言を受け，書き直して来週また話し合うことが約束される。
　その直後にジルが，スペリング，時制は大丈夫かと教師に問いかけるが，「それについては後回しにしよう。まずはアイディアと，構成と，自分のことばで書くことを考えて。」という教師の発言から，今のところはその三点だけで評価を行うという約束が交わされる。
　　　　　　　　　　　　　　　　　　　　　　　　（Cf., Stiggins, 2004: 344-346）

　この事例では，「私が本当に感じたように書かれていない」と自分の作文をみているジルが，教師との対話のなかで，生き生きとしたエピソードを引き出

され，最後には，3つの評価基準（アイディア，構成，自分のことばで書く）に同意している。

　スティギンズは，子どもと教師の検討会の意義について，効果的な指導にとって不可欠な双方向のコミュニケーションが起こりうる点，特定の「描写的なフィードバック」を与えることができる点を挙げている（Cf., Stiggins, 2004: 344）。「描写的なフィードバック」とは，格付けをする「評価的フィードバック」と対比され，特定の学習対象に関する生徒の強みと弱みを反映し，次にするべきことと，生徒が今，正しくできていることを明確にするものであり（Cf., Stiggins, et al., 2007: 43），その先の学習を方向付ける役割をもつ。この事例でも，ジルと教師で検討会を行うことにより，作文におけるジルの強みと弱みを反映して，次に何をするべきかを教師がフィードバックしている。

3　教育評価における教師の権威性への問い

　これまで述べてきたように，2001年の指導要録改訂以来ますます重視されてきた「指導と評価の一体化」は，近年の教育評価研究の発展により，様々なアプローチで可能となってきた。

　「パフォーマンス評価」では，複数の教師たちが，ルーブリックを用いて一人の子どもの学習を評価することによって，一人の教師の独断に陥らない評価をしている。「ポートフォリオ評価法」では，子どもが自らの学びを評価する自己評価が重視され，子どもと教師が評価基準をつくっていく検討会もなされている。

　このように，「目標に準拠した評価」導入の前後から，それを具体化する評価方法が開発，実施されてきているが，「目標に準拠した評価」も，万能ではない。「目標」からはみ出すような活動（思わぬ結果）を見過ごしやすいことが批判されている。

　また，評価の結果を次の指導に反映させる評価（形成的評価）に対しては，「結果として，生徒は不適切な指導を提示されるかもしれないし，実際に指導が必要なときに全く指導がなされないということになる」（Lantolf and Thorne,

2006:349)という,評価と指導とのタイムラグに関する批判がある。

以下では,これらに対して一定の示唆を与えうる評価として,「ゴール・フリー評価」と「ダイナミック・アセスメント」を取り上げ,評価主体に焦点を当てたい。

3.1 目標と評価者との関係に対する問い
3.1.1 「ゴール・フリー評価」の特徴

スクリヴァンは,「目標に準拠した評価」に相当する「目標に基づく評価 (Goal-Based Evaluation)」を批判して,「ゴール・フリー評価 (Goal-Free Evaluation: 目標にとらわれない評価)」を提起した。

「目標に基づく評価」に対するスクリヴァンの批判は,以下の点にある。すなわち,「目標に基づく評価」は,「事前に設定しておいた目標に照らしてその達成度を確認する評価論であるが,この評価論は評価が避けて通れないはずの価値判断を目標の達成度の確認手続へとすりかえ,目標そのものの妥当性を吟味せず,しかも目標外の結果を看過しやすいという欠点をもつ」(根津,2006:9)。設定された目標が,そもそも達成すべき価値をもつのかという目標そのものを問わないものであること,目標からはみだした思わぬ結果を見過ごしやすいことに,「目標に基づく評価」の問題点がある。

あらかじめ定められた目標に沿って評価するのではなく,まず実際に生じた結果そのものへと目を向ける必要性を提起してスクリヴァンが提起したのが,「ゴール・フリー評価」である。それは,予断となりうる当初の目標をできるだけ遠ざけ,人々がもつニーズと結果とに注目する手続であった。目標に照らし合わせて評価するのではなく,目標から距離をとり,評価する者が,自らのニーズと結果に基づいて評価するのである。

3.1.2 「ゴール・フリー評価」における評価主体

根津朋実(2006)は,「ゴール・フリー評価」は,「質的な客観性」(数量では表しにくい人間の判断を経た客観性を意味する,根津が定めた概念である)を確保するための評価であるとしたうえで,「質的な客観性」から見たわが国

のカリキュラム評価の問題点を，こうまとめている。すなわち，第一に，様々な評価視点を設ける配慮が乏しいこと（教師を中心にカリキュラム開発および評価が運営されており，カリキュラムに直接的または間接的に関与する，学習者，保護者，専門家，および地域の人々が評価主体になっていない），第二に，様々な人々による記述が乏しいこと（カリキュラムの開発スタッフがカリキュラム評価の手続に携わるため，多様な現実の把握に失敗するという問題を惹起するおそれがある），第三に，具体的な事実を重んじる傾向はみられるものの，それらの事実がほとんど理論化されないことである（根津，2006：61-62参照）。ここでは，第一の点に関わる，評価主体に焦点を当てたい。

　誰が評価主体になるのかという点で，「ゴール・フリー評価」の「独立評価者」の設置が示唆に富む。「独立評価者」とは，評価にあたり「独立性」を重視する評価者を指し，評価の独立性の内容は，「目標からの独立」（カリキュラムの当初の意図にあたる目標を，評価者が結果を評価する基準としては参照しない）と「組織からの独立」（カリキュラムを計画および実施するスタッフとの密な接触を避け，組織において意図的に孤立する）に分けられる（根津，2006：83参照）。学校現場におきかえれば，カリキュラムを計画および実施する教師たちと深く接触せず，目標ではなくニーズと結果をもとに評価する者が，「独立評価者」となる（根津，2006：9参照）。それによって，目標からはみだした「思わぬ結果」に気づくことができる。

　　＊ここでスクリヴァンのいうニーズとは，「ある満たされた存在状態または活動水準にとって根本的なあらゆるもの」であり，根津によれば，①理想状態への到達よりも，現実的な対処に重きをおく，②充足・満足に基準をおく，③ニーズを有する人がそれを知覚するとは限らない，④ニーズは人々がおかれた文脈にともなって変化する，という点に特徴がある（根津，2006：77頁参照）。

　根津（2006）では，彼自身がカリキュラム評価の評価者となった事例が検討されている。事例は，学習者による授業評価においては大学生が評価者であり，カリキュラム評価においては根津が評価者としてふるまう。根津自身が述べているように，彼は教授－学習関係にまったく介在していない点で，大学生よりも「関心を異にする」度合いが高く，「ゴール・フリー評価」が想定する「独

立評価者」により近い（根津，2006：125参照）。これによって根津は，科目区分と学生による授業評価との間の相関関係を見出すなどの成果を得た。しかしその一方，強力な第三者性を確保しただけでは，評価結果をその後の実践に還流するフィードバックの手続きへと必ずしも結び付かないとも指摘している（根津，2006：137参照）。カリキュラム評価におけるゴール・フリー評価は，評価主体が目標にとらわれずに結果を評価することの利点と共に，評価結果を次の指導に生かす教育評価のあり方について問題を提起している。

3.2　他者との学びによる教育可能性を含んだ教育評価
3.2.1　ダイナミック・アセスメントの特徴

近年，共同的な学びが注目されるなかで，ヴィゴツキー（Выготский, Л. С.：1896-1934）の「発達の最近接領域」の概念に関する研究が活発になされている。「発達の最近接領域」とは，「子どもの現下の発達水準と可能的発達水準とのあいだのへだたり」であり，「自力で解決する問題によって規定される前者と，おとなに指導されたり，自分よりもできる仲間との共同で子どもが解く問題によって規定される後者とのへだたり」である（ヴィゴツキー，1975：80）。この概念は，子どもがすでにもっている能力のみではなく，大人の指導や仲間との共同によって解くことができる可能性も考慮すべきことを示している。「発達の最近接領域」の概念に基づけば，授業についていけていない子どもを，「現下の発達水準」によって「できない子」と決めつけてしまうのではなく，教師や仲間の介入や相互作用のあり方によっては「できる」可能性をもつ子どもととらえることができる。

こうした評価のあり方を具体化したものの一つが，「ダイナミック・アセスメント（Dynamic Assessment）」である。ダイナミック・アセスメントには広範な手順が存在し，固有の一つの手順は存在しない。けれども，このアプローチを多かれ少なかれ定義している特徴として，リッツらは以下の3つの特徴を挙げている（Cf., Lidz, 1995: 6-7）。第一の特徴は，評価者と被評価者との相互作用である。評価者は，学習者に関する観察や推測に応じて，学習過程を明らかにしたり変化を促進したりする方法で役割を果たしながら，評価の積極

的な部分となり，一つの評価道具の役割をする。また，被評価者を，変化しうる学習者としてとらえる。評価道具に対する応答は学習者によって変わってくる。評価者は，介入に対する個々様々な学習者の応答に応じて，学習者の変化を促しながら評価するのである。第二の特徴は，メタ認知的な過程への着目である。どのようにして学習者が問題解決過程へ携わっているのかを，評価者と学習者との相互作用によって明らかにし，課題解決に要した心理的処理に関する推測を促す。第三の特徴は，介入によって生みだされる情報である。相互作用のなかで生み出される情報とは，学習者の可変性や介入に対する応答性に関する情報である。したがって，どのような介入をすれば変化や応答を引き起こせるのかという介入方法の評価につながる。

3.2.2 ダイナミック・アセスメントにおける評価主体

　以上の特徴を踏まえると，ダイナミック・アセスメントは，学習者を変化させようと介入する評価者と，その介入に応答する学習者との相互作用によって，学習者の思考過程を描きだし，発達を促しながら「発達の最近接領域」を見取る方法である。学習者の応答に対して即時の介入が行われるということは，学習者がそれを利用し課題解決を進められることになる。したがって，どのような介入をすれば発達を促すことができるのかという介入の評価が即時に行われることになる。

　たとえば，先述のスティギンズの検討会の事例では，心のなかの絵について自分のことばで書けば作文が良くなるという作文の修正方法と，評価はまだ3つの観点からのみで行うことが教師から提案され，合意された。しかし，その提案が実際にジルの作文を改善するのかどうかは明らかにされない。

　それに対して，ダイナミック・アセスメントでは，たとえば，筆者が携わった実践研究においては，分数乗除法の問題で何を求めるべきかを理解できていない子どもに教師が介入し，面積図を書かせたうえで問題文の上部に「単位量」「いくつ分」「全体」と書き込ませ，何を求めるかを意識させることで，その子どもが独力で解答できるようになったこと，その介入が子どもの「発達の最近接領域」にみあったものであったことが，明らかになった（平田，2007：

21-22参照)。ダイナミック・アセスメントでは，介入の直後に独力で問題解決をさせるところまでも含むことから，評価者の介入が子どもの「発達の最近接領域」にみあったものだったのか，介入方法を即時に評価するのである。

　ダイナミック・アセスメント研究では，子どもの教育可能性を明らかにすることに主眼が置かれている研究が多いため，おとなの指導や仲間との共同のあり方を学習者が評価しているといった視点はほとんど見られない。しかし，学習者を，教育可能性を突きとめられる客体としてのみとらえるのではなく，学習主体であり評価主体であるという視点をもつことは，指導や共同の改善にとって有益であると考える。

引用・参考文献

ヴィゴツキー著，柴田義松・森岡修一訳（1975）『子どもの知的発達と教授』明治図書.

朝日新聞社（2010）「実った学力──文科省，脱『ゆとり』路線成果」2010年12月8日付（大阪版）.

遠藤貴広（2003）「G. ウィギンズの教育評価論における『真正性』概念──「真正の評価」論に対する批判を踏まえて」『教育目標・評価学会紀要』第13号.

田中耕治（2008a）「学力と評価の新しい考え方──質的に高い学力の保障をめざして」田中耕治編著『新しい学力テストを読み解く──PISA／TIMSS／全国学力・学習状況調査／教育課程実施状況調査の分析とその課題』日本標準.

田中耕治（2008b）『教育評価（岩波テキストブックス）』岩波書店.

田中耕治（2010）『新しい「評価のあり方」を拓く──「目標に準拠した評価」のこれまでとこれから（日本標準ブックレット No. 12）』日本標準.

田中耕治序・香川大学教育学部附属高松小学校著（2010）『活用する力を育むパフォーマンス評価──パフォーマンス課題とルーブリックを生かした単元モデル』明治図書.

中央教育審議会初等中等教育分科会教育課程部会「児童生徒の学習評価の在り方について（報告）」（2010年3月24日）.

西岡加名恵（2003）『教科と総合に活かすポートフォリオ評価法──新たな評価基準の創出に向けて』図書文化.

西岡加名恵・田中耕治編著（2009）『「活用する力」を育てる授業と評価　中学校──パフォーマンス課題とルーブリックの提案』学事出版.

根津朋実（2006）『カリキュラム評価の方法——ゴール・フリー評価論の応用』多賀出版.

ダイアン・ハート著，田中耕治監訳（2012）『パフォーマンス評価入門——「真正の評価」論からの提案』ミネルヴァ書房.

平田知美（2007）「『発達の最近接領域』の評価に関す実践的研究——算数授業におけるダイナミック・アセスメントの試み」日本教育方法学会紀要『教育方法学研究』第33巻.

松下佳代（2010）『パフォーマンス評価——子どもの思考と表現を評価する（日本標準ブックレット No. 7)』日本標準.

Anderson, R. S. (1998) Why talk about different ways to grade?: The shift from traditional assessment to alternative assessment, In Anderson, R. S., Speck, B. W. (eds.) *Changing the Way We Grade Student Performance: Classroom Assessment and The New Learning Paradigm*, Jossey-Bass Inc Pub, pp. 8-11.

Lantolf, J. P. and Thorne, S. T. (2006) *Sociocultural Theory and the Genesis of Second Language Development*, Oxford University Press.

Lidz, C. S. (1995) Dynamic assessment and the legacy of L. S. Vygotsky, *School Psychology International*, 16: 144.

Lidz, C. S. and Elliott, J. G. (2000) Introduction, In Lidz, C. S., & Elliott, J. G. (Eds.) *Dynamic Assessment: Prevailing Models and Applications*, Greenwich, CT: Elsevier-JAI: 6-7.

Stiggins, R. (2004) *Student-involved Assessment FOR Learning;* 4th, Prentice Hall.

Stiggins, R., Arter, J., Chappius, J. and Chappuis, S. (2007) *Classroom Assessment for Student Learning: Doing it right — using it well*, Prentice Hall College Div.

Wiggins, G. P. (1998) *Educative Assessment: Designing Assessments to Inform and Improve Student Performance* (Jossey-Bass Education Series), Jossey-Bass Inc Pub.

（平田知美）

第3部
教師に求められる専門性と力量の
アプリケーション

第 8 章

幼児教育における教師の専門性

　　　　幼児教育は，ただ幼児といっしょにあそんでいるように考えられることも多く，その専門性は低く見られがちである。しかし，幼児教育は，発達途上の子どもたちを対象にしていることから，小学校以降の教育とは異なる独自性をもっている。それは，「年齢特性と活動にふさわしい環境の設定」「直接的な体験の重視」「あそびを通した学びの指導」などに最も表れている。また，2～3年間という短い期間の教育であるだけに，保育内容の選択とその構成（計画）にも高い専門性が求められる。
　　　　さらに言えば，教育対象が幼児であるだけに，保護者との関係づくりも小学校以降の教育以上に大きな課題であり，専門性が求められると言える。小学校以降の教育とは異なる幼児教育独自の専門性について考えていく。

1　幼児教育における指導の独自性

　「教師の専門性」といっても，幼児教育における指導の専門性は，小学校以降の教育における専門性とは異なっている。それは，幼児教育の目標や方法が小学校以降の教育とは異なる独自性をもつからである。以下で，その独自性について述べたい。

1.1　「義務教育」ではないこと：保育内容の多様性

　現在の日本では，幼児教育は「義務教育」にはなっていない。にもかかわらず，2012年度の学校基本調査によれば，小学校1年生児童における幼稚園修了者の割合は55％を超えている（文部科学省「学校基本調査」平成24年度（速報版））。保護者の就労によって「保育に欠ける」状態が生じることによる保育所への入

所とは違い，幼稚園への就園は保護者の任意である。にもかかわらず，満3歳あるいは4歳から幼稚園に就園させることに保護者の幼稚園に対する期待が表われている。幼稚園に対する保護者の期待は，文字や数といった小学校入学後の教育につながるものはもちろん，「ルールや決まりを守ること」(68.8%)，「友だちと仲良くすること」(66.8%)に代表されるような「社会性の育成」や「しつけ」に向けられている（ベネッセ教育研究開発センター『第3回　子育て基本調査（幼児版）』2008年調査）。小学校入学前に集団生活を経験させ，他者との関係や規則を学ばせたいという思いから，保護者は幼稚園に就園させているのである。

こうした保護者の要望を受けて，各幼稚園は「特色のある」教育を展開している。長時間の預かり保育，音楽や絵画などの表現活動，スイミングや体操などの運動的活動，英語教育，自由あそびなど，力を入れている活動は多様であるが，いずれの幼稚園も多様な保育内容を展開している。そのため，幼児教育の教員に求められる専門性も以前にもまして非常に多岐にわたっているのである。

1.2　主導的活動があそびであること

第二の特徴は，教育活動の中心になるのが幼児の自発的な活動としてのあそびである，ということである。幼稚園教育要領にも「あそびを通しての総合的指導」が位置づけられている（『幼稚園教育要領』）。小学校以降の学校教育における「学習」が知識や技能の獲得を目的とした活動であるのに対して，幼稚園教育において重視されるあそびは，「自発的な活動であり，それ自身を喜びとする活動」（河崎，1994：319）であるとされている。そのため，幼児が活動を「楽しい」「おもしろい」と感じることが最も重要視される。その結果，子どもたちには諸側面の発達がもたらされる。どのような保育内容と活動が重要か，またそれをどのように選択し，提供するかという点に幼稚園教諭固有の専門性は発揮されるのである。

1.3 直接体験を重視した教育であること

　第三に挙げるのは，直接体験の重視ということである。後にも詳細に述べるが，幼児は発達の途上にある存在である。具体的な活動をともなわない抽象的な思考や言語を用いた活動にはまだ十分に取り組めるとは言えない。

　こうした時期である幼児の発達特性に最も合致した活動は「直接的な体験」である。すなわち，視覚だけでなく，聴覚，触覚などの五感をフルに使って対象に向かい，そこでの体験を通して様々なことを学びとるということが大切にされなければならない時期なのである。子どもは，五感をフルに活用して，見た目だけでなく，におい，感触，温かさや冷たさ，感じる重み，使っていて出る音，食べた時の味などを直接感じて，いろいろなことに気づき，発達するのである。

　以上のような特性・独自性を受けて，幼稚園教諭は小学校以降の学校の教諭とは異なる専門性が要求される。幼稚園教育に求められる専門性について，以下で4つの視点から述べたい。

2　幼児教育に求められる4つの専門性

2.1　発達理解の力

　幼稚園教員の専門性として第一に挙げられるのは，発達を理解する力である。子どもたち一人ひとりを「権利をもった主体」としてのとらえ，教育するには，どのような発達段階であろうと教育対象がどのような時期であり，どのような発達特性・発達課題をもつのかを十分に理解することが必要である。なかでも幼児期は，1歳違っても発達特性はまったく異なる。逆に言えばそれだけ発達の著しい時期だとも言える。その違いを軽視して教育活動は成立しない。各年齢の発達特性を十分に理解し，それにふさわしい教育を提供すること重要なのである。

　そのことから，幼児教育では，「発達の特性に応じた指導」を何よりも重視している。小学校以降の学校教育においても，児童期・思春期の知的・情緒的特性をふまえた学習活動は行われているが，幼児教育の場合は，年齢特性に加

えて，個人差や月齢差も踏まえた教育が必要である。それは，幼児期の「発達途上性」が大きな理由である。

幼稚園就園時の幼児は，多くの場合，家庭中心の生活から，初めての集団生活に入ったばかりであり，身体的にも，知的にも，情緒的にもこれから発達する途上にある。たとえば認知の面で言えば，「イメージ的思考」「行動の中の思考」と言われる特色ある思考の時期であり，学童期の「カテゴリー的思考」とは異なっている（岡本，1991：81-90参照）。言語の発達で言えば，幼児期は「一次的ことば」の段階で，話しことばが中心であり，文字を読んだり書いたりすることには適していない「二次的ことば」と言われる書きことばは，就学後の学校教育を通して発達するものである（岡本，1991：125-132参照）。

こうした途上性と特性を考慮し，幼児教育では，幼児期の発達特性を十分に理解したうえで，それにふさわしい内容を選択し，方法を用いて教育を行うのである。だからこそ，一人ひとり，あるいは暮らす集団を理解する力は幼稚園教諭の専門性であると言える。

2.2　計画作成の力

第二に，計画作成に力が専門性として挙げられる。わが国の幼稚園教育は，小学校以上の「教科」とは異なる「領域」をめやすとしたカリキュラムの編成を特徴としている（『幼稚園教育要領』）。「教科」と「領域」とは，名称が異なるだけではなく，考え方そのものが大きく異なる。「教科」は，科学の蓄積をもとに構成された小学生以降の子どもが修得すべき知識や技能の体系であるが，幼稚園教育における「領域」は，子どもの発達と活動をとらえるめやすとして設定されている。そのため，幼稚園の教育活動では，「〇〇の時間」を設定するのではなく，各々の活動を領域の視点からとらえて，目標を設定したり，その達成を評価したりということが行われている（『幼稚園教育要領』）。

現行の幼稚園教育要領には「健康」「人間関係」「環境」「言葉」「表現」の5つの領域が設定されている。現在の5つの領域で教育活動が行われるようになったのは，1989（平成元）年に幼稚園教育要領が改訂されたときからである。この改訂によって，幼稚園教育は，「教科」とは直接に接続しない「領域」を

設定し，幼児期・幼児教育の独自性に重点を置き，「就学前」教育ではなく，まさに「幼児」教育として，様々な領域の要素が含まれたあそびを中心とした教育が行われている（『幼稚園教育要領』）。

　5領域の目標は，それぞれ「心情」「意欲」「態度」の視点から設定されている。たとえば，領域「言葉」の目標は，①自分の気持ちを言葉で表現する楽しさを味わう，②人の言葉や話などをよく聞き，自分の経験したことや考えたことを話し，伝え合う喜びを味わう，③日常生活に必要な言葉が分かるようになるとともに，絵本や物語などに親しみ，先生や友達と心を通わせる，である。この目標から見て，領域「言葉」は，話すことの楽しさ，話したり聞いたりしようとする意欲や態度を促す領域であると言える（『幼稚園教育要領』）。この点は，先ほど挙げた発達理解とそれにふさわしい教育からきている。

2.3　環境設定の力

　あそびのなかで，直接体験を通して発達を促すのが幼児教育の方法であることは述べたが，それを実現するために重要な役割を果たすのが「環境」である。幼児教育は「間接的な教育」であると言われる。その理由は，直接的な働きかけによるのではなく，環境を通して教育することが特徴だからである。それゆえ，適切な環境を設定することは，補助的・副次的なことではなく，指導性そのものである。

　幼児教育において「環境」とは，自然環境だけを指すわけではなく，子どもをとりまくすべてのものを「環境」と呼ぶ。そこには，植物や小動物といった自然物はもちろん，公園や図書館，お店屋さんといった施設も，遊具やおもちゃなど，子どものまわりにあるものはすべて環境である。加えて，こうした「物的環境（モノ環境）」だけでなく，子どものまわりの人々も「人的環境（ヒト環境）」として，子どもの発達に大きな影響をもっている。

　上記のような環境は，自然にできるわけではない。「保育者は環境に願いや思いを込める」と言われるが，保育者が意図をもって設定して初めて，子どものまわりに発達にふさわしい環境がつくられるのである。こうしてつくられた環境のなかで，子どもは，自ら対象に働きかけ，豊かな体験をし，発達してい

くのである。

　幼児教育においては，道具の選択，保育室内の物の配置，準備する物の素材や数量にいたるまで，詳細に計画し，設定する。それは，子どもが活動に夢中になっても危険がないように安全に配慮するとともに，子どもの興味や活動への意欲を引き出すことを重視して設定される。幼児教育における環境設定は，「活動しやすい環境を整える」のレベルを超えて，獲得することそのものに直結するものである。子どもを惹きつける環境設定・づくりは，日本の幼児教育関係者のすぐれた指導力によるものであり，わが国の幼児教育の優れた特性・蓄積である。

2.4　実践をふりかえる力

　最後に，「実践をふりかえる力」を幼稚園教諭の専門性として挙げたい。幼稚園教育は小学校以降の教育とは異なり，「試験」によってその達成を確認することはあまり行われない。実施した教育によって，子どもたちのふさわしい経験が提供され，必要な獲得がなされたかどうかを「客観的」にとらえることは小学校以降の教育より難しい。だからこそ，実践者自身が実践をふりかえり，その評価・反省をふまえて，次の実践に向けての修正や調整を行わなければならない。

　ふりかえりにおいて大切なのは，ねらいに照らして保育をふりかえることである。幼稚園教育においては，活動の総合性から「楽しんでできた」「子どもが楽しんでいた」などといった印象・感想的なふりかえりになりがちである。しかし，ねらいや目的，意図などを意識しながらふりかえることで，適切なふりかえり・自己評価ができる。それに基づいて中間・年間といった定期的なふりかえりをすることで，計画的な保育が実現されていくのである（長瀬，2011：65参照）。

　ふりかえりを通して，前に述べた「子ども理解」，「長期的な展望をもった計画の作成」，「環境設定」といった他の専門性が検証され，教育はよりよいものになっていくのである。

第3部　教師に求められる専門性と力量のアプリケーション

3　指導の具体に見る専門性

　第2節では幼稚園教諭の専門性について，幼児教育の固有性との関連で述べてきた。次に実際の指導過程に沿って述べたい。

3.1　「導入」「動機づけ」に見る専門性
　幼稚園教諭の指導において，その専門性はまず「導入」部分に顕著に見られる。幼稚園教諭は，子どもたちの自発的活動を引き出すことを導入時に非常に重視する。それは，子どもが興味をもち，意欲が引き出されるような環境設定に始まり，環境に働きかけ，様々なことを学びとることができるような導入へとつながっている。

　導入は2つの視点から行われる。一つは「動機づけ」という視点である。幼稚園教諭は，道具を用意したり，使ったものを片付けたりするなど，やることが明確な場面以外では，「～しましょう」「～しなさい」という直接的な指示はあまり用いない。それよりも，「これ，何だと思う？」「どうやってつくると思う？」など，具体的なものを見せながら，問いかけたり，やりとりをしたりしながら，子どもを活動の本質，つまりおもしろさへと導き入れる。問いかけ，子ども自身に考えさせ，発表させるなかで，さらに活動への興味をふくらませ，「やってみたい」という気持ちを高めるのである。

　次の視点は「見通し」である。先のことをイメージする力がまだ十分ではない幼児にとって，一度にたくさんのこと理解することは難しい。幼稚園教諭は，子どもにわかりやすいことばを簡潔に用いながら，「これからどのような活動がはじまるのか」が幼児にイメージできるようにする。活動のイメージができることで，意欲もいっそう高まり，見通しをもてるので，自信をもって活動にとりくむことができるようになるのである。このように幼児教育では，意欲と見通しをもたせる導入を行い，楽しい活動のなかで子どもたちの育ち・発達をつくりだすのである。

3.2　集団指導の力

　指導においてもう一つ重要なのは，子ども同士の関係や共同性を育て，クラス集団として高める指導である。あそびなどの活動のなかで，子どもは，他児の様子を見て刺激を受け，「やってみようかな」と意欲をもち，友だちに支えられて勇気を出して挑戦し，できたときにともに喜ぶという経験をする。子どもがあそびなどの諸活動のなかで経験する他者との関係は，それ自体が幼児教育の目標である。だからこそ，幼稚園教諭は，必要な場合には一人ひとりへのていねいな個別指導を行いながら，常に「集団」「クラス」を意識した指導を行っている。必要な場合にはグループをつくり，子ども同士を関わらせながら，「みんなで育ち合う」ことを大切にした教育を行っている。

　集団指導の際に実施される幼稚園教諭の働きかけのなかに「仲立ち」と呼ばれるものがある。先のことに対する見通しも，言語発達も，自己コントロールの力も十分ではない幼児だからこそ，集団活動においては様々な衝突やトラブルも多く発生する。幼稚園教諭は，その都度，両者の話を聞き，互いが思いを伝え合えない場合には「仲立ち」を行う。A児の思いをB児にわかりやすいことばに直して伝える「翻訳」と言われる働きかけも仲立ちの一つの方法である。こうした指導を受けながら，子ども同士は，関わり合い，ともに育っていくのである。

3.3　あそびを発展させる力

　第三に挙げられるのは，子どもの発想をとり入れて，あそびを発展させる力である。あそびを子どもと楽しむにあたって大切なことは，参加者としていっしょに楽しくあそびながら，子どもたちの新しい楽しさ，別の楽しさを知らせていくことである。

　そのためには，第一に，保育者が楽しんでいる姿をしっかり見せることが大切である。子どもと真剣にあそびながら，そのなかで，子どもたちの気づかない表現や次の展開を示唆する。保育者は，あそびのなかで，子どもとのやりとりを楽しみながら，ことばを投げかけたり，何かをたずねたりする。それに応えて子どもたちは，それまでとはちがうやりとりを経験する。こうして保育者

は子どもから新しい発想が生まれたり，ことばが生まれたりするのを促すのである。

　ひとりの参加者としていっしょに楽しみながら，子どもたちに必要な援助を行うことを「内指導」と言う。あそびの外から無理にではなく，あそびの流れに沿いながら，新しい展開へと導くような内指導が遊びを発展させる力なのである。

　その際に，子どもたちの感じる楽しさに共感する力も求められる。一人ひとりが何を楽しんでいるかに共感し，その思いを尊重して活動を促すような関わりが必要なのである。

4　小学校教育と連携する力

　次に，近年，幼稚園教諭において重視されてきている小学校教育と連携する力について述べる。

4.1　小学校教育との接続

　改訂された幼稚園教育要領に顕著に表れているように，現在の幼児教育には「就学前教育」的性格が強く要請されている。2006年に教育基本法が改正されたが，新教育基本法第11条には「幼児期の教育は，生涯にわたる人格形成の基礎を培う重要なものである」と明記され，同時に学校教育法第22条を踏まえて，「義務教育及びその後の教育の基礎を培う」ことも幼稚園教育の目的として明示された。幼児期の教育は，「義務教育及びその後の教育の基礎を培うこと」と「生涯にわたる人格形成の基礎を培うこと」という2つの目的をもっていることが明確に示された。

　今回の改訂で，幼稚園教育要領　第3章の「留意事項」において「幼稚園においては，幼稚園教育が，小学校以降の生活や学習の基盤の育成につながることに配慮し（後略）」と明記されており，小学校教育との連携・連続の強調は明らかである。「義務教育及びその後の教育の基礎を培う」ために小学校教育との連携を積極的に進めることで，「就学準備機関」としての性格を明確にし

ている。こうした傾向を反映して，現在の幼児教育は小学校教育との接続が最重要課題の一つとなっていると言える（長瀬，2010：50参照）。

4.2 小学校教育の固有性を理解する

連携に必要なのは，相互に理解し合うことである（長瀬，2010：56-57参照）。保育所，幼稚園，小学校には，教育・保育活動の積み重ねのなかで形成されたそれぞれ固有の「文化」が存在している。それは当事者にとっては「常識」であり，「当たり前」で，特別なことであるという意識さえないと思われる。それゆえ，これまでは「伝える努力」が意識的に追求されてこなかったと言える。しかし，保育所，幼稚園，小学校が連携を進めていくうえで，他の組織の他者と伝え合い，理解しあっていくことが重要である。一方の立場からすれば「当然」で，もう一方からすれば「異質」相互に理解し合ってこそ連携への第一歩が踏み出せるのである。幼稚園教諭にとって，小学校教育の固有性を理解する力が必要なのである。

4.3 「接続」の見通しをもつ

次に，あそびを通して育てる力が小学校教育にどのようにつながっていくのかという見通しをもつことが重要である。保育所・幼稚園での保育・教育は，目標に「〜の基礎を培う」「〜に対して興味をもつ」などの表現が用いられていることからもわかるように，発達の基礎を培うことを目的としている。それゆえ，自分から進んで活動にとりくみ，「できた」「わかった」という喜びを実感することが児童期の学びの重要な土台となる。「実際にやってみながら考える」「他者といっしょにとりくむ」経験を大切にしながら，自分で考え，他者とともに行動できる基礎を培うことが重要なのである。

4.4 交流の場をつくる

第三に挙げたいのは，日常的な交流の機会をもち，そのなかでの子ども同士，保育者と教師の交流経験を，理解や情報の共有につなげるということである。現在でも，隣接する保育所・幼稚園・小学校を中心に，年長児が小学校見学に

行った際に1年生がお世話をしたり，1年生が保育所や幼稚園を訪問し，年長児と交流したりといった，年に数回の交流は数多く実施さている。こうした経験を通して年長児は，小学校に行くこと，小学生になることを楽しみに感じ，また学校教育に対するイメージがもちやすくなるという利点がある。

　こうした幼・小の交流は，新1年生になる年長児のみならず，1年生の発達にとっても重要な機会である。1年生は，幼児と接することで自分の成長を実感できるからである。1年生は，直前の年長児のときには，「一番上」として期待され，憧れられてきたのに，小学校に入って急に「一番下の学年」になり，とまどうことも多いが，幼児と接する機会をもつことで，自分という存在やその成長に自信をもち，自己肯定感を形成していくことができるのである（長瀬，2010：59参照）。

　こうした交流は，どうしても年数回の非日常的・イベント的な性格になりがちである。そうならないように，連携に関する担当者を置き，その人を中心に学校・園全体での日常的な交流を図っていくことが重要なのである。

5　保護者と信頼関係を築く力

　最後に，保護者と信頼関係を築く力について述べたい。保護者と信頼関係を築いていくためには，以下のことが必要である。

5.1　多様性に対する理解

　現在，幼児をもつ保護者の状況は非常に多様である。子どもの教育・子育てに対する考え方だけでなく，保護者そのものの状況や価値観が非常に多様である。そのために，時として思いもかけない反応に出会ったり，関係が円滑に築けなかったりすることがある。

　保護者が多様化している背後には，以下のような状況があると考えられる。第一に，現在の保護者自身が多様な教育を受けて育ったということがある。現時の幼児の保護者は，20代後半から30代にかけての世代であり，ゆとり教育を受けて育った世代でもある。保護者の考え方によって，子どもの過ごし方にも

大きな差があり，塾や習い事中心に過ごす子ども，低年齢からスポーツクラブ等に通う子ども，ゆとりをもって家族との時間を過ごしている子どもなど様々である。そうした差が，自分が子どもの教育・子育てをする際に，「自明の前提」として働くため，くりかえされることも多い。多様な価値観が許容される状況のなかで育った子どもが，現在の多様な価値観をもった保護者になっているのである。

第二に，核家族化・少子化の進行によって，子どもが育つ姿・発達の過程が見えにくくなっており，子育てに関する知恵が継承されにくくなっていることが挙げられる。「初めて抱っこする子どもがわが子」というのが当たり前なのが現在である。その結果，「子育ての仕方がわからない」「どう接していいかわからない」という保護者が増加している。なかには，わからなさが大きな不安になっている保護者も多いのである。

第三に，経済的格差の進行が挙げられる。経済的に安定した生活を送り，時間的にも経済的にも子どもの教育に積極的な家庭と，経済的に不安定ななかで，子どもの教育に十分な関心を向けにくい家庭との間の格差が広がっている。前者の保護者は，幼稚園の入園に際しても，十分情報を収集し，複数の園を見学して，保育の内容も吟味して選択している。過剰なほどに幼稚園の教育に「関与」してくる場合もある。一方，後者の保護者のなかには，すべてを幼稚園に任せ切りで，あまり主体的とは言えない人も存在する。園からのお願いが実施されなかったり，協力的でないこともある。同じように幼稚園でのようすを話しても，伝わり方・受けとり方も大きく異なってくるのである。

そこで，「保護者なら＊＊であるべき」「＊＊してくれて当たり前」という固定観念を排して保護者と関わる必要がある。専門教育を受けた教師にとって「当たり前」のことでも，保護者にとっては，「知らないこと」であったり，「考えたこともない」ことであったり，「自信のない」ことであったりするということを理解したうえで，対応することが求められるのである。

5.2 傾聴力：否定せずに聞く姿勢

保護者の多様性に対応して，信頼関係を築くうえで重要なことは保護者の話

を聞くことであり，その力である「傾聴力」が幼児教育者の専門性であると考える。保護者の話をしっかり聞くことの大切さはどの幼児教育者も感じていることであるが，実際にしっかり話を聞いて，信頼関係につなげるにはどうしたらいいかについては悩みも多いと思われる。ここでは，「傾聴力」を「受容」と「引き出すこと」の2点から述べたい。

① 受容すること

　受容することの大切さを否定する幼児教育者はだれもいないであろう。では改めて「受容すること」とはどうすることかとたずねられると，当然のこと過ぎて逆に応えにくい。ここでは受容を「否定せずに聞くこと」と定義して述べたい。

　保護者と話をするなかで，一方的な思い込みがあったり，子どもの話をそのまま信じたために「本当ではない」ことが混じっていたり，あまりにも心配しすぎると感じる場合がある。そんなとき，「それは違いますよ」と訂正しようとしたり，安心させようとして「そんなに心配しなくても大丈夫ですよ」と話すことが多いのではないかと思われる。教師にすれば，事実を知ってもらい，それにもとづいて話すほうが望ましいと考えたり，心配を少しでも軽くしようと思っての行動なのだが，保護者にすれば「話を聞いてもらえない」「自分の考えが否定された」と感じがちである。

　保護者の話を聞くにあたって必要なことは，話が事実と違っていても，自分の考えと違っていても，否定せずに，まずはそれ自体を受けとめることから始めるということである。

② 引き出すこと

　否定せずにしっかり聞き，そのうえで大切なのは，保護者の話をさらに引き出すことである。その際，引き出そうとするあまり「問い詰める」ことになりかねない。問い詰めてしまっては，せっかくつくられた信頼関係を壊し，話しにくくさせてしまう。そこで，受容的な姿勢で，共感的に聞きながら，さらに思いを引き出すような関わり方をすることが大切なのである。

その際，「あなたの話をちゃんと聞いています」ということを相手に伝えるサイン，たとえば「相槌をうつ」などの行動をとりながら聞くことも有効である。こうした姿勢が，相手に「聞いてもらえている」という思いをもたせ，さらに話してみようという思いになるのである。

5.3 伝える力：多様な方法をもつこと

　受容的に聞き，相手からさらに話を引き出すとともに，こちらの話を的確に伝える力も必要である。保護者に話をする際に，大切なことを3点述べる。

① 結果だけでなく，経過を伝えること

　せっかく話をしても，正確に伝わらなかったり，誤解が生じたのでは信頼関係は形成できず，それどころか不信感をもたらすことにもなりかねない。話をする際に，真意や状況を的確に伝えることが必要になる。誤解が生じやすいのは，一方的に話したり，結果だけを伝えたりする場合である。そこで，話をする場合には，「知っている自分」が「知らない他者」に伝えるということを意識して話すことである。「けんかをした」「ケガをした」などの結果だけを聞くと，保護者は不安になる。どのような状況でそれは起こったのか，それに対して教師はどのように対応したか，その後のようすはどうだったかなどを話すことで，経過がわかり，安心することができるのである。

② 意図・理由を伝えること

　保育者は意図をもって働きかけを行っているのだが，保護者にはその行動しか見ることができないし，ことばを聞くだけである。だから，行動だけではそれぞれの思いから誤解が生じやすい。そこで，どのように考えてその行動をしたのかを的確に伝える力が必要になる。「〜の時期なので」「〜できると判断して」など，働きかけの意図や判断の理由や根拠を示すことで，保護者に保育者の思いを伝えることができる。

　そのためには，目的を明確に意識して活動に取り組むことが必要になる。明確な目的をもっているからこそ，突然判断が求められる場面でも的確に判断で

き，それを保護者に伝えることもできるのである。

③ 多様な（複数の）伝える手段をもつこと
　現在の保護者はいろいろな生活状況をかかえていたり，多様な価値観をもっていたり，得手不得手があったりする。そのため，文書で伝えようとすれば「読む時間がない」「直接言ってほしい」という要望が出るし，また逆に，直接伝えれば，「忘れてしまう」「大事なことは文書でもらったら確認できる」と言われることも多い。「直接話すことが苦手」「文字で伝えるのが苦手」といった保護者も多い。幼稚園教諭には，保護者に最も届きやすい方法を多様な方法のなかから選択して実行する力が求められる。
　そして，その選択のためには，日常からのコミュニケーションのなかで保護者をよく理解することが不可欠である。忙しい状況で急に話をされれば，内容を聞く前に不快な思いになってしまうし，話すことがあまり得意でない保護者は，急に言われても言いたいことも言えない・答えられないから，できるだけそうした状況を避けたいと思うかもしれない。保護者の性格や行動の特性はもちろん，生活背景や状況を把握することで，保護者にとって聞きやすい，受けとめやすい状況を選択することができ，伝えたいことを適切に届けることができるのである。保護者の性格や状況を把握し，適切な方法を選択して伝える力も幼稚園教諭の専門性と言えよう。

5.4　ともに考える姿勢

　最後に挙げたいのは，ともに考える姿勢である。ともに子どものことを大切に考えていても，保育者と保護者で考え方が異なるということはおこりうる。その際に，「どちらが正しいか」だけで話し合ってしまうと，結論が見いだせないばかりか，それまで築いた信頼関係を壊し，逆に対立的な関係になってしまうことも考えられる。
　保護者と話し合いをもつときに重要なのは，「子どものためにはどちらが望ましいか，よりよいか」という視点で話し合うことである。そうすることで，違うようにみえた考え方同士が，実は共通点や接点があったり，譲歩点が見い

だせたりもする。それは，根本的にともに子どものことを大切に考えているからである。自分の価値観や考え方に固執せず，相手の話を十分に聞き，現在のその子どもにとって，何が必要か，何から始めたらいいかを考えていくというコミュニケーションのとり方や姿勢こそが，幼稚園教諭に求められているのである。

引用・参考文献

岡本夏木（1991）『児童心理』岩波書店．

河崎道夫編著（1994）『子どものあそびと発達』ひとなる書房．

ベネッセ教育研究開発センター『第3回　子育て基本調査（幼児版）』2008年調査．

長瀬美子（2011）「自己評価とは何か」秋葉英則・白石恵理子・杉山隆一監修，大阪保育研究所編『子どもと保育　改訂版　5歳児』かもがわ出版．

長瀬美子（2010）「就学前教育の現状と保幼小の連携」西川信廣・長瀬美子編『学生のための教育学』ナカニシヤ出版．

文部科学省「学校基本調査」平成24年度（速報版）．

文部科学省『幼稚園教育要領』．

（長瀬美子）

第 9 章
学童保育と学校との連携における教師の専門性

　放課後の子どもたちが生きる場の一つに、学童保育がある。それは、保護者が安心して労働する権利を行使するために、また子どもたちの発達を保障するために生み出され発展してきた、公共の時間と空間である。そこでは多くの場合、指導員と子どもたちと保護者たちによる自治があり、子どもたちの豊かな少年期的世界が形成され、指導員と子どもたちと保護者たちの三者が人間として育ち合う生活が日々営まれている。

　本章では、学童保育がつくりだしている放課後の生活の世界を概観しながら、学校の教師が学童保育と出会い、つながることの意味を考察してみたい。この考察を通して、学童保育とつながることで教師の教育実践がより豊かになる可能性がひらかれることが明らかになるだけではなく、2011年3月11日以降を生きる私たちにとっての教師の専門性は、どこに向かってどのように発揮されるべきなのかの示唆を得ることができよう。

1　学 童 保 育
　　──学校から「近くて遠い」、子どもたちの放課後の生活の時間と空間

1.1　家族のもとに戻る前に、「ただいま」と帰る場所

　「さようなら」のあいさつの後、教室を離れていく子どもたちの「その後」に思いを馳せたことはあるだろうか。そのとき思い描かれた子どもたちは、どこにいただろうか──それぞれの家庭の食卓？　地域の公園？　習い事の教室？　それとも……。

　周知のとおり、子どもたちは放課後の生活を自分の思うがままに好きなように過ごすことができるほど、自由ではない。習い事に追い立てられるように生きる子どももいれば、それぞれの家庭の様々な事情のなかで息をひそめて生き

ている子どもたちも少なくない。放課後の「遊びの約束」を取りつけるために，相手の顔色を気遣いながら「今日，遊べる？」と恐る恐る尋ねる子どもの姿は，本章の読者が「子ども」であった頃も現在もそれほど変わらない。

　こうした状況のなかで，「ただいま！」という呼びかけに「おかえり！」といつも応答してくれる特別な大人がいてくれて，「遊ぼう！」「よして！」「いいよ！」と気兼ねなく呼びかけ合い，応答し合うことのできる同世代の子どもたちもいてくれて，安心して遊んだりいたずらをしたりぶつかり合ったりできる場所がある。それが，学童保育である。

　学童保育の子どもたちは「ただいま」と言ってその玄関をくぐるが，それはもちろん家庭ではない。にもかかわらず，子どもたちは「ただいま」と言わずにはおれず，その場にいる特別な大人たちも「おかえり」と言わずにはいられない。学校の教師が子どもたちとともに学校生活を送るなかで，「ただいま―おかえり」の呼応関係を形成することなどほとんどないことを想い起すならば，その独自性はいっそう明確となろう。

　その一方で，学童保育にいる特別な大人たちは「指導員」という肩書をもつ人びとであり，保護者や単なる「近所のおとな」ではなく，また家庭とは比較にならないほど多くの同世代の子どもたちが集まる場でもあるがゆえに，家庭のような私的空間とは到底言えず，むしろきわめて公的な空間でもある。

　公と私のはざまにあり，子どもたちが放課後（長期休暇を含む）の数時間を過ごす場である学童保育は，同じ子どもたちをその視野に入れているにもかかわらず，学校の教師たちにとっては「近くて遠い」世界であることが多かろう。

　以下では，こうした学童保育に教師が出会うとき，その専門性はどのような世界へとひらかれることになるのかについて，考察してみることにしよう。

1.2　学童保育という時間と空間

　学童保育は，児童福祉法（2012年8月一部改定，2015年4月施行予定）第2条に示された「国及び地方公共団体は，児童の保護者とともに，児童を心身ともに健やかに育成する責任を負う」という規定のもと，同法第6条の3第2項において規定された「放課後児童健全育成事業」の一環として行われるものである。

ここでいう「放課後児童健全育成事業」とは,「小学校に就学している児童であつて,その保護者が労働等により昼間家庭にいないものに,授業の終了後に児童厚生施設等の施設を利用して適切な遊び及び生活の場を与えて,その健全な育成を図る事業」である。この事業は,同法第34条の8において,「市町村」が行うことができるものとされているが,加えて「国・都道府県及び市町村以外の者は,厚生労働省令で定めるところにより,あらかじめ,厚生労働省令で定める事項を市町村長に届け出て」行うことができるとされている。つまり学童保育とは,「市町村」が放課後の子どもたちに責任をもって「適切な遊び及び生活の場」を保障することを通して子どもたちの「健全な育成」を図る,きわめて公共的な使命をもった事業なのである。

児童福祉法そのものは1947（昭和22）年に制定されたものであるが,実を言えば,学童保育が法的に認知されるのは,1997年6月の「児童福祉法等の一部改正に関する法律」の成立を待たねばならなかった。この成立を受けて,1998年4月より学童保育はようやく児童福祉法と社会福祉事業法に位置づく事業となったのである。

もちろん言うまでもないことではあるが,学童保育そのものは,法的に認知されるよりずっと以前から行われてきたものである。たとえば大阪の場合には1948年の今川学園の取り組みにまでさかのぼることが可能であるし,1966年には全国学童保育連絡協議会が結成されるほどにまで,学童保育の取り組みが全国的な広がりを見せていた。

しかしながら,こうした学童保育の拡充にあっても,学童保育は長い間,国や地方公共団体が責任を負うべき事業として認知されるには至らなかった。放課後の子どもたちの生活は私的領域に属する問題とされ,公的な課題として認知することが回避され続けてきたのである。

学童保育の指導員や保護者たちは,こうした状況のなかではあったが,労働する権利を保護者たちが安心して行使できるようになるために,さらには何よりも子どもたちのいのちと発達を保障するために,まさに手さぐりで学童保育の制度や施設の充実,内容と方法の充実を求めて,試行錯誤しながらも確かな歩みを進めてきたのである。

いまや学童保育は，生存権や労働権，発達権といった社会権保障の基盤であるとともに，「子育てをめぐる市民的公共圏を形成する契機」として，さらには「物理的，存在論的，関係論的の三重奏で成り立つ場所」であるところの「ホーム」としてとらえつつ，子どもたちの発達の保障を「生活の共同創造」という特質と関連づけながら実現しようとする目的意識的な働きかけとして把握されるまでに至っている（久田，2011）。すなわち，学童保育とは，「放課後」の時間と空間を舞台にし，子どもと大人とが「生きる」ことを中心において，オルタナティヴな（＝いま在るものとはちがう，別の）社会を創造していこうとする営みとして展開されているのである。

1.3 異年齢の子どもたちが放課後の生活をともにする時間と空間

学童保育は，市町村が直営する「公設公営」であったり，行政の委託を受けた地域運営委員会の運営であったり，保護者会が行政の補助を受けながらの運営であったりする等，その在り方は様々であるが，全国でおよそ22,000ヶ所設置され，88万人を越える子どもたちが通っている施設である（全国学童保育連絡協議会「2012年調査」）。

設置場所としては，学校の空き教室が利用されたり，校庭の一画に学童保育用に建てられた教室が利用されたりする他，大阪市のように，地域の戸建てやマンションの一室が学童保育の施設として利用される場合もある。

こうした施設において，子どもたちは放課後の数時間（長期休暇中は朝から夕方までの時間）を指導員や他の子どもたちとともに過ごす。多くの場合，複数名の指導員体制で保育にあたる。また，学童保育を利用している子どもたちは1年生～3年生ないし4年生の場合が多い（もちろん，大阪市の共同学童のように，6年生まで在籍可能なところもある）。つまり学童保育では，子どもたちは異年齢の友だちと複数名の指導員たちとともに，同じ時間と空間のなかで放課後の生活を共にしているのである。このことが，学校とは決定的に異なる生活を生み出すとともに，公的領域と私的領域のはざまにある学童保育の独特の性質を特徴づけている。

学校教育とのちがいは，法的な整備の不十分さにも由来する。学校教育は，

日本国憲法や教育基本法，学校教育法等のもと，教育職員免許法等で規定された学習に基づいて付与された資格を有する者が，教育実践の自由は保障されているものの，学習指導要領等の一定の制約のなかで教育活動を行う場である。翻って学童保育は，学校教育のようにそこでの営みを根拠づける法的，制度的なものは先述した児童福祉法によるものしかない。換言するならば，学童保育の実践は，内容や方法を自由に選択することが可能であるだけではなく，「自由」そのものを生み出す可能性に満ちた場でもあるということである。学童保育の指導員たちは，早くからこの事実に気づき，まさに自由で，豊かな実践を積み上げてきた。そこでは，学校という限定的な世界にだけいたのでは思いもよらないダイナミックな世界が，構築され続けてきたのである。

こうした世界を知っている学童保育の指導員たちは，自分たちの仕事に誇りをもつと同時に，そのなかで出会うことのできた子どもたちの事実をもとに，学校の教師たちとの子育ての協同を呼びかけ続けてもきた。ここで節を改めて，その呼びかけに耳を傾けてみることにしよう。

2 「学童保育の指導員」から「学校の教師」への呼びかけ

2.1 「教師に見せる顔」と「指導員に見せる顔」とのあいだ

好むと好まざるとにかかわらず，学校の教師は文部科学省等の統治機関や教育基本法，学校教育法等の法的根拠を背景にして，ある種の強大な権力をその身にまとうこととなる。その権力を一人ひとりの子どもの発達を保障する方に向かって穏やかに行使することは，教師の専門性を考えるうえできわめて重要な観点となる。ところが残念なことに，この権力は子どもたちを教師の「支配下」に置いたり，教師の命令に従属させたりするために利用されがちであるという現実がある。

こうした現実のなかで，子どもたちは教師から高い評価をえる「よい子」を演じたり，「手のかからない子」として振る舞ったりせずにはいられない状況へと追いやられていく。ここでの「よい子」や「手のかからない子」は，当然のことながら保護者からも高い評価をえる。むしろ，仕事のためにわが子に十

分な関わりができていないと少しばかりの後ろめたさを感じている保護者にとっては，子どもたちのそうした振る舞いは自らの子育てが成功裏に進んでいることの証にも思われ，子どもたちに対する「よい子」「手のかからない子」を演じさせる圧力を強化しさえする。

　学童保育は，教師が身にまとわずにはいられないような権力とは無縁の場所であり，保護者のまなざしに直接さらされる場所でもないために，子どもたちにとっては，「背伸び」をしたり，自らを飾り立てたりする必要のない場所として実感されることとなる。このことは，学童保育が，肩の力を抜いてホッと一息つき，「ありのままの自分」でいられる場所となり得ることを意味すると同時に，学校や家庭のなかで身体に溜め込み，刻み込んだストレスや苦悩を暴発的に解放する場所ともなりうることを意味している。

　学童保育の指導員たちは，子どもたちがホッとでき，「ありのままの自分」でいられるよう，様々に工夫を凝らした配慮を試みてはいるものの，その呼びかけがうまく届かず，ストレスや苦悩を暴発させる子どもたちは後を絶たない。そうした子どもたちを前にして，指導員もまた深い苦悩を味わうことになるが，それと同時に，「私たちの前でしか発散できない」ような，悲しみを抱えた存在として把握する子ども観を洗練させてきた歴史を指導員はもっている。

　学童保育の指導員はこうした実践の積み重ねと経験の蓄積を踏まえ，教師の知らない子どもたちの姿に日常的に出会っている。その姿とそれが意味するところを教師に伝え，その子どもの育ちをともに支えていこうという指導員の願いは多くの場合，教師に届かない。結果として，子どもと指導員の苦悩は混迷の度合いを増していくことになるが，そのこともまた，残念ながら学童保育の場での「日常」である。

2.2　保護者との日々の関わりのなかで浮かびあがる生活台

　学童保育もまた，所定の時間がくれば「帰りの会」を経てそれぞれの家庭への帰路につくことになるが，なかには保育所と同様に保護者による「お迎え」が行われているところもある。また，保護者会による共同運営の学童保育では，学校とは比較にならないほど，保護者との緊密な関わりがそこにある。

多くの指導員が異口同音に語ることではあるが、保護者との日々の関わりは、学童保育に携わることの大きな魅力の一つである。なぜなら、何よりもまず、その日の子どもの様子を保護者に伝えることを通して、子どもを「真ん中」においた子育ての協同に向かって日々歩みを進めているという実感を得ることができるからである。またそのことは、「昼間の生活」のあいだは出会うことができなかった保護者と子どもとの「空白」を埋める実践でもあるからであり、保護者と子どもとの関係を幸せなものへと誘う役割を果たすという大いなる使命のもとにあるという実感を得ることができるからである。

　保護者との日々の関わりが魅力でありうるのは、これらのことにとどまらない。もっとも重要なものだといっても過言でないものは、労働者としての保護者と出会うことができるということである。

　そもそも学童保育は、働きながら子育てをしている保護者たちの願いに基づいて生み出された施設である。したがって、「お迎え」の場であるいは保護者会の場で出会う保護者たちは、その多くが仕事を終えて駆けつけてくる人びとである。その姿には労働する喜びに満ち溢れている場合もあるであろうし、反対に、苦悩をその身に刻み込んできたかのような姿を見せることもあろう。そのなかには、種々の事情で現在は働くことから遠ざかっている人びとも含まれる。こうした人びとと出会うということは、この時代を懸命に生きている一人の人間と出会うことであり、一人の人間の背後に見え隠れしている日本社会の現実と出会うことである。学校の教師の場合には、「○○さんの保護者」として保護者と出会うことはあっても、同時代を生きる固有名詞をもった人間として保護者と出会うことはきわめて稀なことではなかろうか。ましてや、その保護者の背後にある日本社会の現実など、かなりの意識をしなければ見えてこないかもしれない。

　そうであるからこそ余計に、学童保育の指導員たちは、学校の教師たちに語りたいことをもっている。単なる「保護者」ではなく、自らの生を生きる「人間」に出会っているからこそ、子どもや保護者の喜びや苦悩の意味を、より深いところで気づいているからである。だがこの気づきもまた、多くの場合、学校の教師に届ける機会を得ぬまま、指導員の胸の内にしまわれていくこととな

る。このこともまた，学童保育の「日常」である。

2.3　共同決定される活動内容と少年期的世界の形成：自治のある生活

　学童保育の実践は，「親が安心して働くことができ，かつ放課後の子どもたちに豊かな放課後を創造していくために，放課後の子どもたちを対象に，豊かな放課後の生活を子どもたちとともにつくりだす中で，子どもたちに実りある学童期を保障しようとする目的意識的なはたらきかけの総体」（近藤，2001）と称されるが，ここでのポイントは，放課後（夏季休業等の長期休暇を含む）の生活を指導員と子どもたちとが「共に」つくりだすことにある。

　放課後の生活を「共に」つくりだすという以上，学童保育は，遊びの場所だけが提供されたうえで「放し飼い」にされているような場所ではありえないし，ましてや，特定のマニュアルに沿って用意されたサービスを子どもたちが享受する場所でもありえない。学童保育には，学校の教師にとっての「学習指導要領」のようなものが存在しないがゆえに，「ともに」つくりだすという言葉は，重たい意味をもつ。すなわち，学童保育の内容は，それがたとえ「新入生を迎える会」や夏休みのキャンプであったとしても，実施されるか否かに関しては子どもたちとの共同決定に委ねられているのであり，各活動の内容もまた，当然のことながら子どもたちとの共同決定によって選びとられていくのである。ここには，学校教育が見失いがちな「自治」が，放課後の生活を「ともに」つくりだすうえでのきわめて重要な構成要素として位置づいている。

　子どもたちとの共同決定に委ねるということは，言うまでもないことではあるが，子どもたちに「丸投げ」することではないし，「やりたいことだけをやる」というような，手前勝手な思想を強化することでもない。そうではなくて，子どもたちが「やりたくなる」活動として提起したり，「来年のキャンプでは……」というような，子どもたちの「明日」への希望をかきたてるようにすることであり，ここにこそ学童保育の指導員の豊かな専門性のコアとなる部分があるのである。

　「自治」が重要な構成要素になっているということは，特別な行事についてだけでなく，日々の生活のなかに浸透しているということでもある。それは

「高学年会議」や「3年生会議」といった機関に集う子どもたちが喜々としてその責任を果たそうとしつつ，頻繁に開催される総会において真剣な議論がなされることにも典型的に表れている。学童保育の子どもたちにとって，「話し合い」とは当たり前の「日常」なのである。

また，日々の遊びのなかにあっても，異年齢の子どもたちがいるからこそ，豊かな少年期の世界が形成されることとなる。それは，低学年の子どもであっても遊びに参加できるような工夫が選びとられていく場面に象徴的であるが，その工夫は恩着せがましい大人の価値観を反映したものでは決してなく，あくまでも自分たちの楽しさを追求するからこそ選びとられたものである。

学童保育に集う子どもたちは，教師の，いや大人たちの「手のひら」を飛び出して，指導員とともに自分たちの世界をつくりだしているのである。だがやはり残念なことに，こうした世界もまた，学校の教師の視界には入ってきていないのが現実なのである。

2.4 「複数的に生きる」存在としての子どもの発達保障

学童保育の指導員は，上述してきたような実践を通して，学校の教師たちが知らない子どもたちの姿や表情，苦悩に出会っている。また，保護者たちの子育てをめぐる喜びや苦悩に出会っているし，保護者たちの労働者／生活者としての喜びや苦悩にも出会っている。これらの出会いを豊かに積み重ねてきたからこそ，学校の教師たちとつながり合いたいと切実に願っている。教師たちとつながり合い，互いがつかんでいる子どもたちや保護者の姿を交流することで，子どもたちの発達を保障する実践が，より確かなものになることは明らかだからである。

学校の教師にとっても，学童保育の指導員に見えた子どもや保護者の姿に関する情報は，貴重なものとなる。教室のなかでの様子だけでは計り知れないその子どもの行為や行動の背景にあるものを想起するうえで，貴重な手がかりとなるからである。教師たちの前で見せる姿が子どもたちのすべてではない。子どもたちは，教師の知らないところでも，懸命に生きている。その生の一端に少しでもふれることができれば，彼ら／彼女らへのまなざしはより豊かで深い

ものとなり，教師の指導はより的確に子どもたちに届くものともなろう。それゆえにこそ，学童保育の指導員の呼びかけに応えることは，教師の専門性がもっとも問われるところの「指導」の力量を高めていく契機に満ちているのである。

しかしながら，学童保育の指導員の呼びかけに応えることは，「指導」力量の向上に収斂するものではないし，教師の実践にとって「役に立つ」情報の提供を享受するということでもない。それどころか，教師が教師としてだけではなく，人間としていかに生きていくのかというところにまで立ち戻ったうえで，教師の専門性を問い直させる力を教師に与えるものでもあるのである。

3　学童保育と出会い，つながることでひらかれる世界

3.1　社会的課題に立ち向かう場としての学童保育

人びとの教育を受ける権利や学習する権利，さらには文化的な生活を営む権利を保障することが考慮に入れられながらも，国家の明確な意思を反映させながら制度化されてきた学校とは対照的に，学童保育は働く保護者たちの切実な願いに応答しながら，制度的な保障や内容的な充実を少しずつ前進させてきた。その意味で，学童保育は学校教育以上に「運動とともに」あったし，これからも「運動とともに」在り続けるであろう。

学童保育は，保護者たちの労働の在り様と地域や家庭のもつ発達保障機能の在り様，さらには学校のもつ福祉機能としての子どもの生存権・発達権を保障する機能の在り様とが交錯するところに成立する場であるがゆえに，現代社会の変容に対して，「人間らしく生き，育つ」ための対案を提示する独自の可能性を有するものとして評価されている（宮崎，2011）。また，子どもたちの放課後の時間と空間が市場のターゲットとして侵食され始めている今日的な情勢のなかで，放課後の子育てをめぐる市民的公共圏が形成される契機として意識されてもきている（久田，2011）。すなわち，学童保育は今日の日本社会が抱える諸矛盾が集中的に噴き出している場なのである。それは，日本社会が克服すべき課題が典型的に表れている場であるともとらえられよう。

日本社会が抱える諸課題の衝突を学童保育に見いだすとき，学校の教師が学童保育と出会い，つながることは学校の教師をある現実へと誘う。すなわち，この誘いの先には，願いや喜び，欲望や苦悩が交錯する，「生きる」ことや「働く」ことが交錯し，リアルでアクチュアルな現実が待っているのである。

3.2 「あてはめよう／あてはまろう」という生き方を越える

「生きる」ことや「働く」ことが交錯する，リアルでアクチュアルな現実――そこは，教師がよかれと思っていたり，当然だと思っていたりする価値観が普遍的なものではないことを突きつけられる場である。その価値観が真っ向から否定される場合もあるであろうし，価値観それ自体は受け入れられたとしても，その価値観に沿った生き方を選ぶことはきわめて困難であることをまざまざと見せつけられることもあろう。教師が普遍的であると信じていた価値観に子どもや保護者たちを導こうとする行為は，偏狭な価値観のなかに人びとを囲い込もうとする，きわめて権力的で横暴な行為であるかもしれず，またその価値観を進んで受け入れてきた自らの生き方は，きわめて限定的な世界でのみ通用する生き方であったかもしれない。「生きる」ことと「働く」ことが交錯する場であるからこそ，学童保育は教師にこうしたことを気づかせる力をもつのである。

そうであるならば，学童保育と連携するということは，つまり子育ての協同の輪をともに構築していこうという学童保育の指導員からの呼びかけに応えるということは，子どもたちや保護者との関係を円滑にし，自らの実践を展開していく手がかりを得るといった，単純で楽観的なものでは到底ありえないことを認識する必要があろう。学童保育の指導員からの呼びかけは，指導員自身もまたおそらく自覚してはいないであろうが，「生きる」ことや「働く」ことが交錯する，リアルでアクチュアルな現実を共に見つめる覚悟を要求するものなのであり，それは，この地域でどのように生きていくのかをお互いに突きつけ合うことでもあるのである。

このとき教師の専門性は，「教える」ことや「育てる」ことに関わる専門的な知識に裏打ちされた，「教える」「育てる」行為の特別な在り様を導くものと

いう，単純な理解ではなくなる。そうではなくて，学童保育と出会い，つながることで，他でもないその教師自身がこれからどのように生きていこうとするのか，どのような社会のなかに住まうことを望むのか，その社会のなかで人びととともにどのように共に在ろうとするのかという問いをくぐり抜けたところで「教える」「育てる」行為を構想することを教師自身に課すその姿勢が，教師の専門性として再構築されることになるのである。

　私たちはどう生きるのか——この問いが教師の専門性の中心にあることを，学童保育との連携が一人ひとりの教師に教えることになろう。

4　「教師として生きる」ことと「人間として生きる」ことの統一

4.1　子どもに「子ども時代」を保障する実践の協同

　専門職と呼ばれる仕事には，その専門性を発揮する場とその専門性を生かして働きかける対象がある。学校の教師にとって，専門性を発揮する場は学校や教室であり，専門性を生かして働きかける対象は，言うまでもなく，一人ひとりの子どもであり，子ども集団である。この働きかけの対象たる子どもや子ども集団は，教師の信ずる価値観に沿って加工される対象ではない。そうではなくて，学童保育との出会いとつながりが教師に伝えることは，子どもや子ども集団は，ともに生きる若い仲間であるということである。

　人とかかわり，人を育てるという教師の仕事について，学童保育との出会いとつながりが再認識させてくれることは，教師という仕事を担うのは言うまでもなく人間であり，そうであるからこそ，教師自身が一人の人間としてどのような社会で生きていきたいのか，その社会がいまだ実現していないとしたら，現状の社会はどのような状況で停滞しているのか，その状況を突破する手がかりは何であるのかを問い続けることで初めて，子どもたちの前に教師として立てるということである。それは，教師として子どもたちに対して果たすべき責任である。

　他方で，それぞれの時代における社会の在り様と対決しながら近代教育思想を描きだしたルソーやペスタロッチーらが到達した地平は，子どもに「子ども

時代」を生きることを保障するということであった。このことは今日においてもなお，学校の教師だけではなく学童保育の指導員もまた，その実践を通してくり返し重要性を確認している地平であるが，学童保育の指導員たちが子どもたちと日々の生活や遊びをともにし，その時間と空間を自治を通して創造している実践の核心には，子どもが自らの「子ども時代」を十二分に生きることができるよう支えていくための思想と技術がある。学童保育の指導員が呼びかけているのは，子どもに「子ども時代」を保障する実践をともに創造しようということである。それは，子どもらしい失敗や過ちを許さず，厳罰をもって対処しようとする今日の情勢への抵抗である。子どもが「子ども時代」を生きる時間と空間を確保することは，現代社会においては，闘いなのである。

4.2　自分たちの生と子どもの発達を保障するコミュニティの拠点としての学校の方へ

　今日の日本社会には，労働する権利を行使し，実際に労働する場を確保できただけで幸せではないかと思い込ませるような，倒錯した状況がある。それゆえに，こうした状況のなかで働き続け，なおかつ子どもを育てることをも同時に引き受けていこうとするならば，日本社会が抱える様々な矛盾に必然的に直面してしまうこととなる。

　学童保育に携わる人びとのなかには，そうした矛盾を前にして，自分が歩もうとした，歩みたかった道を志半ばで諦めてしまった者が数多くいるであろうことは想像に難くない。しかしながら，その一方で，学童保育に携わる人びとは，働くことと子どもを育てることの両立を，あるいは生きることとの両立を諦めざるをえなかった人びとの無念を自らの課題としても引き受けながら，学童保育に関する制度の充実や内容の発展に取り組んできた。それは，日本社会の抱える諸矛盾に直面しているがゆえに，オルタナティブな（＝いま在るものとはちがう，別の）社会を創造していこうとする実践でもあった。学童保育の実践が特異であるのは，この営みに参加するなかで，子どもたちだけではなく保護者や指導員までもが，人間として成長していった事実を積み重ねてきたことにあるのであり，そのことを通して，学童保育がある地域をより住みやすく，

生きやすいまちの方へと誘い続けてきたことにあるのである。

　学童保育と連携するということは，学校もまた，この営みに参加するということを意味する。この営みに参加することがそれぞれの地域に住まう人びとからも求められていることは，2011年3月11日以降の，人間社会を壊滅させる自然の猛威と人為的な暴力にさらされながらも，オルタナティブな社会を生成しようと奮闘する人びとがその拠点として，根拠地として，学校の在り様を見つめ直そうとし始めていることに象徴的に表れている。

　学校は社会の「下請け」ではない。一部の勢力にとって有用な「人材」を供給する工場でもない。教師の専門性を，そうした「人材」を製造するための知識や技術に還元してはならない。

　学童保育の指導員たちが呼びかけているのは，「共に生きよう」ということである。「幸せに生きる」とはどのように生きることであるのかを，共に考えようということである。「幸せに生きる」ことを可能とする社会を共につくりだそうということである。

　教師はこの呼びかけに応えることができる。教師の日々の教育的な営みは，この呼びかけに十分に応えうる専門性を常に磨き続けることにもつながっているはずである。あとは，その専門性を発揮する場を手に入れるだけである。その場は，すぐそばにある。

　歩み出そう。「共に生きる」ことに向かって。

引用・参考文献

大阪保育研究所編（1982）『燃える放課後──主体的努力を育てる学童保育の実践』あゆみ出版.

学童保育指導員専門性研究会（2010）『学童保育研究』第11号（特集：「学童保育と学校の連携」），かもがわ出版.

「学童保育」編集委員会（1998）『シリーズ学童保育1〈総論〉子どもたちの居場所』大月書店.

近藤郁夫（2001）「学童保育実践の構造と課題」学童保育指導員専門性研究会編『学童保育研究』第1号，かもがわ出版.

清水結三・福田敦志（2007）『荒れる子どもとガチンコ勝負──子どもと育つ学童保

育指導員』フォーラム・A.

白畠美智子(1995)『仲間のなかでひかるとき——"子ども賛歌"の学童保育物語』労働旬報社.

久田敏彦(2011)「『学童保育』理解の視点の多重性」日本学童保育学会紀要『学童保育』第1巻：29-36.

宮崎隆志(2011)「学童保育実践の展開論理——人が育つコミュニティへの展望」日本学童保育学会紀要『学童保育』第1巻：9-17.

全国学童保育連絡協議会HP　http://www2s.biglobe.ne.jp/Gakudou/

（福田敦志）

第 10 章

特別支援教育における教師の専門性

　　特別支援教育の制度が始められた2007年以降,障害のある子どもの指導を担う教師の専門性が学校教育の重要な課題として議論されてきた。この章では,(1)特別なニーズのある子どもを理解する教師の専門性・力量とは何かについて代表的なとらえ方を学び,子どもの自立を促すために必要な教師の専門性を考える。(2)特別支援教育を担う教師がカリキュラムづくりと授業づくりを進めていくときに必要な視点を学び,これからの特別支援教育の実践に求められる専門性・力量の基本を考える。(3)一人の教師の高度な専門性に頼るのではなく,学校全体で特別支援教育に取り組む教師のあり方,そして保護者との共同のあり方について,その基本を考えながら,これからの特別支援教育の行方と教師に求められる資質・専門性とは何かを学ぶ。

1　特別なニーズのある子ども理解の力量

1.1　子ども理解の専門性
1.1.1　「できなさ」に還元する子ども理解
　特別支援教育では,対象である特別なニーズのある子ども理解の力量が専門性として問われてきた。「特殊教育」と呼ばれていた時代には,障害特性から発達の可能性を限定的にとらえる立場による教育目標が設定された。専門性というよりも,特殊な子どもとして理解する見方が主流であった。
　たとえば,知的発達の遅れ＝障害特性から通常の子どもとは違い,教育内容を障害児に合わせて薄めてつくる「水増しカリキュラム」による指導が中心であった。子どもが文化の世界をじっくりと味わう授業ではなく,「平易な教材」を使って繰り返しドリル学習を行うなど,専門性が深く吟味されることなく安直な指導が行われた。子どもの「可能性＝できること」から教科指導の専門性

を議論するのではなく，「できなさ」に依拠した教育の論理が支配的であった。

　生活指導においても，排泄や食事等の身辺自立のスキルの「できなさ」を早く修正して，社会に適応するための行動形成に力点を置いた指導が中心だった。挨拶の仕方など，日常の生活スキルの指導においても，この考え方が主にとられた。作業学習の指導では，職業的な自立に力点を置いて「働く態度」を身に付けることが重視された。

　このように障害児を社会生活に早く適応させるという立場と，人格や知的発達の可能性の限界論＝「できなさ」に依拠する「特別な指導」が強調され，それが障害児教育に固有な専門性として位置付けられていた。しかし，それは「固有」といいつつ，通常の社会に早く適応させることに主眼を置いたものであり，通常の社会生活への「同化」論が根底にあったと言える。

1.1.2　ゼネラリストとスペシャリスト

　こうした考え方からその後，1960年代以降の発達保障論に立つ障害児教育論の提起や，障害児の生活・発達を踏まえた子ども理解の理論が登場し，主体として生きる子どもの人格形成・人格的自立を総合的に支援する，いわば「ゼネラリスト」としての教師論とその専門性が問われていった。それは1.1.1で述べた通常の教育の専門性と切り離すのではなく，どの子も同じ発達のすじみちをたどり，同等の発達の権利をもつ存在として障害児をとらえ，教科指導をはじめとする指導のあり方とその専門性・力量とは何かを探る試みであった。

　世界の特別ニーズ教育の展開に呼応して，わが国で2007年から特別支援教育の制度化が図られると，個々の子どもの障害によりいっそう目が注がれ，「個別の指導計画」を中心にした教育計画論の新しい動向が登場した。そして通常の学校・学級においては，自閉症スペクトラム等の「発達障害」への対応が取り上げられるようになった。いわば「ゼネラリストからスペシャリストへ」と専門性の重点が移行していった。こうした動向のなかで，自閉症等の障害特性を踏まえた指導とその専門的な力が求められようになり，教員の研修においてもこの文脈に添ったプログラムが多く採用されるようになった。

　スペシャリストとしての教師の専門性が強調される背景には，障害把握の転

換があった。よく知られているようにICF（国際生活機能分類，2001年）の論理は，個人因子とともに環境因子にいっそう注目し，生活に参加する環境構成の大切さを指摘した。これに加えて，応用行動分析論を背景にした支援論が提起され，多様なプログラムによって行動形成を図るための教師の力が特別支援教育の専門性として強調されるようになった。通常の学校だけではなく特別支援学校・学級においても，「自立活動」の領域を中心に，障害特性に沿った環境を構成する教師の技術が問われ，専門性の議論もそこに集中する傾向にある。

教員養成においても，スペシャリストへの志向は強くなっていった。障害児の教育方法分野では個々の障害に応じた指導法を担当する科目が細分化され，障害児を支援するために開発されてきた様々な指導技法を中心にした養成が行われ出した。自閉症児に特化した教育課程論（八幡，2011）など，障害特性に応じたカリキュラム論も登場した。

以上，障害のある子ども理解・専門性の論点をスケッチしてきたが，「できなさ」に視点を置いた当初の議論が，装いを変えて今日また新たに登場してきている。もちろん，情緒障害として括られ，とても通常の指導では対応できずパニックを力で管理するしか方法がなかった自閉症児に対して，その特性に沿い，適応できる行動形成を図る視点をもつようになったことは教育実践にとって進歩であり，ティーチ（TEACCH）プログラムなどの指導技法は教師の専門性の基礎的な教養として重要である。

しかし，一方では障害特性を基本に特別支援教育の専門性が語られることに対しては，「子ども理解」という点で疑問も投げかけられている（赤木，2008）。また，通常学校においては，ゼネラリストの立場から，特別支援教育をコーディネートする論点もこの分野の教育を推進するためには見逃すことのできない課題である。ゼネラリストとしての専門性を先に指摘したが，改めてこの点から特別支援を担う教師の専門性を考えることが必要になっている。

1.2 自立の課題に働きかける力量

1.2.1 自立の発達課題

特別支援教育の学習指導要領（2009年3月）では，「自立活動」の展開が特に

第3部　教師に求められる専門性と力量のアプリケーション

発達のめやす	自分づくりの段階		具体的な姿
2歳	自我の拡大期	他者への気づき（自他の分化）	・自分の思いを言動で強く伝えようとする。 ・試行錯誤しながらも自分の思いが強くなる。
2歳半 3歳	自我の充実期		・大きい－小さい等対比的認識が育ち，大きい自分を求める。 ・〜してから〜するの力が膨らむ。
	他者を受け入れようとする自我と自己主張の矛盾拡大の時期 〜葛藤〜	もう一人の自分のできはじめ（自己の形成）	・大きくなった自分への誇りに対し，「でも上手にできるかな」という葛藤がみられる。
3歳半	自制心の芽生えの時期 〜自己肯定感に支えられた自分で自分をコントロールする力〜	自我をコントロールできるもう一人の自分との対話のはじまり	・「〜がしたい，でも今は我慢しよう」という気持ちを持つ。 ・葛藤を乗り越えた安心感から自らの表現が広がる。 ・他者からの評価が気になる。
4歳半	自制心の形成期 〜「できる・できない」の理解と葛藤	自我をコントロールできるもう一人の自分へ〜自己の形成に向かう時期〜 ・外面的評価〜他者を見つめたり，相手のことを思う気持ち ・内面的評価〜他者からどんなふうに評価されているか	・「〜だけど〜しよう」という意志を持つ。 ・自分なりの思いを伝えて，活動に意味付けができる。 ・できるだけ自分でやろうとし，困ったら次の手だてを考えて行動することができる。 ・プライドに支えられて，自分をコントロールすることができる。 ・成功，失敗という結果にこだわり，うまくいかないと逃げてしまうこともある。
5歳半	自己形成視獲得の時期 〜自分や他者の変化を捉える視点が形成される時期 年少の他者を尊重しながら教え導く関係。年長の他者への憧れが芽生える〜 社会的自我の誕生	自分・他者を多面的にみることの芽生え ・「さっき－今－こんど」時間の軸の中で自分をとらえる。 ・やればできるという期待を持って取り組む。 ・将来を見通して今を頑張る。 ・現在の自分と過去の自分，将来の自分との対話が始まる。 ・過去の自分と比べて大きくなった今を誇りに思う。 ・みんなの中の自分への意識が芽生える。	・「もっと〜したほうがよい。だからがんばろう」と意欲を持ち，目標や期待に応えようと努力する。 ・経験をもとに見通しを持ちながら自分の考えをまとめる。 ・たとえ自分の意に沿わなくても，場や状況に応じて活動を続けることができる。 ・真ん中がわかる。 ・「だんだんと変化してきた」自分に手応えを感じる（自己認識）。 ・指示待ちや経験依存から自発性が開花しはじめる（生活력）。
7, 8歳	一面的な評価から，多面的な評価への価値転換が行われる時期〜	系列化・社会性の時期 ・具体的な事象をもとに筋道をつくって思考する。 ・大人への多面的な見方へ。	・"今" の生活の具体的な体験や事実を手がかりにして考える。 ・みんなの中で，自分の独自性やねうちを確かめたい。 ・トラブルの責任は，どちらか一方にあると考えがち。 ・現実と理想の自己像のギャップから葛藤が起こる。（揺れる）
9, 10歳	自己客観視の芽生えの時期 〜他者の視線に気づき，自分の現実を受け入れていかなければならない葛藤の時期〜 ・「集団的自己」の誕生 ギャングエイジ	抽象的思考のはじまり 具体的事実の概念化・抽象化 ・一般化して，記号へ置き換える。 ・ことば概念の形成。 ・書きことばの世界へ。	・理想像をイメージしながら「〜だから〜だ」と論拠のある考え方を持つ。 ・相手の立場を考えたり，自分を見直したりできる。 ・「もし自分だったら」「もし○○の立場だったら」と他者の立場に自分を置き換えて考えることもする。 ・親との間に心理的距離をとり始める。 ・他者の視点をくぐって，自分の性格や態度を捉えるようになる。
11, 12歳		形式的操作期 ・形成期的平等から実質的平等へ。	・友人関係において，共通理解や共通の性格があることの「同質性」が重視される。
14〜 16, 17歳	「価値的自立」のはじまり	・アイデンティティの模索。 ・若者文化。	・大人社会の価値ではない，自分たちの価値を創造しようとする。

図10-1　自分づくり段階表

第10章　特別支援教育における教師の専門性

めざす楽しむ姿	大切なこと・支援
・いろいろなことに取り組みながら好きなことを増やす。	・好きな活動を準備し、時間を保障する。 ・本人の伝えたいことをくみ取る。
・少し先のことを楽しみにする。 ・自分でしたい活動を見つけて、没頭する。（発展性がある）	・遊びの中で、禁止や制止が通じるようになる。 ・少し先の本人の好きな活動を具体的に話す。 ・失敗しても頑張ったと応援する。
・周囲の状況や評価を少しは意識して、自分なりに活動する。	・「やったぁ」が「もう一回」という次への意欲につながるようにする。 ・いくつかの具体的な選択肢を準備する。 ・自己肯定感・達成感の積み上げをしていく。
・周囲の状況や評価を意識して、自分なりに活動する。 ・心が安定した状態であり、少し先のことを楽しみにしながら今を頑張る。 ・年下の子の簡単なお世話をしたり、友だちと楽しく活動したりする。	・活動の意図を分かりやすく話し、目標に沿った具体的な評価をする。 ・少し先のことを話し、今の活動をがんばるように声をかける。 ・本人の意思を大事にしながら、その思いを活動に生かす。
・他者からの評価を期待しながら意欲的に活動する。 ・場に応じて、自分の気持ちをコントロールしながら活動をする。 ・単に「できた」ではなく、「自分でできた」「自分で考えてできた」が自信になって活動する。 ・できた達成感から「またやろう」とし、認められて自己肯定感を高める。	・本人なりのがんばり（よさ）を認める。 ・自分が取り組む活動の目標や内容を文字や言葉にして確認する。 ・一緒に活動し、よさを伸ばして最後まで取り組むよう励ます。 ・活動をやり遂げるたびにその方法に確信をもたせ、賞賛する。 ・失敗の原因やその手だてを一緒に考える。（苦手な自分を意識し、引っ込み思案にならないように） ・評価の軸を多様にする。
・集団の中で自分の立場が分かり役割を果たすことに喜びを持つ。 ・かなり先のことでも楽しみにすることができ、見通しを持って段取りをとる。 ・集団の中の一員としての自覚を持ち、周りの状況に合わせながら活動する。 ・自分自身の変化を捉えて自己肯定感を高める。 ・「さっきはこうやってうまくいかなかったけれど、今度はこうやってみよう」と考えることができる。 ・自分と仲間との間にルールを取り込んでいく。	・考えをじっくり聞いて、待つ。 ・集団の中で、役割を持って活動する場を設定する。 ・かなり先まで見通した段取りが組めるように具体的に予定等を知らせる。 ・自分のよりよい姿をイメージできるように具体的に手本を示す。 ・集団の中で友だちと関わりながら活動する場をできるだけ多く設定する。 ・振り返りの場を設定し、変わってきた自分のよさに誇りがもてるようにする。 ・こうなりたいという思いを認め、夢を膨らませていく。
・より大きくなることを自己肯定し、「なんでも一番がいい」から、新しい価値に気づきはじめる。 ・自分の独自性を発見し、「ちょっと大人になった」喜びを感じる。 ・「いっしょだけど違う、でもいっしょ」と多面的な自他理解ができるようになる。	・価値の転換への働きかけをする。「やさしい一番もあるのだよ」「ゆっくりの一番も…」等。 ・自分の「とりえ」を確信できるように支援する。 ・「好きなもの・こと」をつくっていく過程を大切にする。 ・公正なルールを示していく一方で、価値の自由度も認める。 ・多面的な自他理解を促したり、多面的な見方のよさに気づくようにする。
・その活動の価値が分かり、目的意識を持って取り組む。 ・自分の得手不得手を知り、自分なりに工夫や努力をする。 ・助け合う友人に友情を感じる。 ・他者の価値観を自分の価値観に取り入れたり、他者の生き方や生き様すら自分の生き方に取り入れようとする。 ・仲間づくりが楽しめる。 ・段取りや計画を立てての労働が可能となる。	・手本や指針になるような言動に心がける。 ・「自分たち」という一体感や「我々世界」のヨコの関係を築いていくようにする。 ・タテのつながりとして、自己形成のモデルを提示する。 ・一面的な自分への気づきから、多面的な自分への気づきを促していく。
・本当の友達（自分の悪いところも言ってくれ、喧嘩もできるなど、お互いの本当の思いを表現できる関係）を心から求めている。 ・自己発見に喜びを感じる。 ・自分なりの価値や思いをもって主張し、行動につなげる。	・"違い"を乗り越えた"同じ"を発見していく視点を大切にする。 ・一人の仲間として、理想像、価値観、目的意識等について語る。 ・自己の内面のよき変化に気づき、未来のよき自分へと変化していく自信につながるようにする。

（渡部, 2009：129）

強調されている。それだけに，自立活動論をどのような立場から議論すべきか，その理念を押さえておくことが大切である。ここでは自立を子どもの発達課題としてどうとらえるかを検討してみたい。この点では，発達保障論を土台にした課題が乳幼児期の段階から示されてきた（渡部，2009）。教師の専門性としてもこの提起を踏まえておきたい。

「自制心」「自己形成視」などの発達課題に働きかけるためのポイントは第一に，単に「気持ちをコントロールし，我慢できるかどうか」という行動だけではなく，子どもの内面の世界を把握することである。「心のバネ」のような内面的な力を育てることを自立の課題として据えようとするからである。社会のルールに適応する力の育ちを支えているのは，身辺の処理を行うことができるかどうかだけではなく，自分の気持ちを見つめる自己理解の力である。

第二は，こうした発達課題を達成する過程を丁寧に見つめる教師の姿勢である。内面的な力の育ちは，直線的に進むものではなく，螺旋階段を昇るようにじっくり，ゆっくりと達成されるからである。こうして発達を「過程」としてとらえる力量・専門性が特別なニーズ教育では特に求められる。「自己形成視の力」は，自分の過去と今，そしてこれからの自分を見つめる力だけに，自分づくりの過程をじっくりと見つめる力を育てる教師の専門的な働きかけが必要である。

第三は，自立の課題を集団のなかでとらえることである。図10-1からもわかるように，発達課題を子ども自身が誇りとともに達成したかどうかがポイントだからである。この誇りを育てるものは，周囲からの評価・応答である。「できたかどうか」という結果だけではなく，その結果がどのような過程で達成されたのかが大切である。仲間からの励ましや肯定的な評価を支えに達成できたのか，それとも単に個人主義的に達成したのかでは，子どもに形成されるものは異なる。

1.2.2 自立を支える教師の専門性・力量形成

自立に働きかける教師の専門性は，どのような構造をもつのか。第一には1.2.1で述べた発達課題研究の成果を踏まえて，それを目の前の子どもの自立

の課題として設定するための知識である。特別なニーズのある子どもに「寄り添う」「受容する」といった指導姿勢も，発達についての基礎的な知識を前提にして身に付く。自我形成論は心理学的にもまた哲学的にも探究されてきたものであり，こうした研究の基礎を確かめる努力が不可欠だと考える。

専門性として第二には，発達観・能力観・指導観の形成がある。1.2.1で示された発達課題の把握には子どもの発達をどうとらえるか，発達観が根底に根づいている。また，発達を個人の課題に還元するのではなく，常に集団との関わりで理解しようとする評価観がある。そこには，個人の能力を「一人ひとりの個人的な達成」と見る個人能力主義的な考え方を克服して，個人の能力が，共同の関係のなかで発揮され，価値をもつという能力観が位置付いている。

第三には，教育実践の場でどう子どもに働きかけるのか，教師の技（教育技術）の力量である。その代表的なものの一つが「対話の技」である。通常の学級かどうかは別にして，自閉症児の指導では常識にもなっている「教室環境の構造化」論は，特別なニーズのある子に見通しをもたせるうえで有効な指導論だとされている。たとえば予定や計画の変更を予め知らせる等である。しかし，そこでは教師と子どもとがどのような対話を展開し，予定の変更を合意し，納得するかがポイントである。予定の変更を一方的に指示するだけで子どもがそれを理解できるわけではないからである。

また通常の社会のルールを絵カードで示し，ルールを指導する場面でも，大切なのは，指導する教師自身が適応しにくい子どもの思いに寄り添い，ともにルールを確認するような合意と納得の世界をつくりだすことである。

納得と合意を基本にした対話の技は，先に挙げた自制心を育てる指導の課題において重視される。数多くの実践記録を読み直すと，たとえば，突然友達の持ち物を取ったり，暴言を浴びせたりする発達障害のある子どもとのトラブルへの対応においても，言い分を丁寧に聞き取り，そうせざるをえなかった思いを受けとめる対話が重要な技であることが示唆される。浜谷直人が指摘しているように，子どもの事実をどう言語化するのかが自制心の形成という発達課題に対応するための鍵である（浜谷，2004）。一人ひとりの思いを代弁する技を身に付けたい。

なお，このような教師の技は，個人の課題に働きかける個人指導で発揮されるとともに，子どもどうしをつなぐ集団指導としての技でもある。通常学級において排除されてきた子どもの行為・行動を代弁し，学級につなぐ指導論が生活指導実践の鍵である。
　以上，専門性の構造を考察してきたが，それらは関連し合っている。合意と納得を引き出す対話の技を支えているのは，子ども観である。今日の成果主義を柱とする教育の現場では，こうした合意や納得をつくりだす余裕はなく，いかに早く不適応行動を収拾するかに指導の力点が置かれる。「出会い直す」といわれるような，子どもと出会い，ともに生活をつくりだす技を発揮できる状況にはない。いきおい絵カード等で落ち着いた行動形成を図り，その結果を出すことに目が向く。「代弁したり，つないだりする技」も，基本的な信頼に支えられて子どもの側に届く。信頼関係をつくる子ども観を抜きにして，個々の技があるわけではない。しかも，こうした技は，子ども集団の質が高まるにつれて高めなくてはならない。通常学級においていつまでも発達障害のある子に「味方」し，代弁するのではなく，子ども相互の関係を結ぶことを促す指導を考えなくてはならない。
　最後に専門性はいかにして身に付けていくことができるかを問いたい。教師養成の場で，先駆的な実践記録（湯浅，2008）に触れて特別支援教育の課題を考えるとき，学生からよく出されるのは「うまくいきすぎているのではないか，自分には到底できない」という声である。先に指摘した合意と納得の世界をつくる指導が展開されている場面の実践記録に接すると，こうした感想が示されることが多い。しかし，優れた実践記録の検討は，技を身に付けるための基本であり，単に技に注目するのではなく，その場面における関係性や子ども観，そして発達観・能力観をこそ問いかけていくためにある。それが教師の専門性を形成する鍵であることを確認しておきたい。
　先に指摘したように障害特性から導き出される指導の技法に教師の専門性を置いて考える傾向が今，増えている。しかし，一つひとつの技法＝教育方法は，「孤立的な手段」としてあるのではない。子ども観や発達観に支えられて行使される。人間として生育してきた歴史を背負って教師は子どもの前に立つ。当

然のことだが，教師自身の子ども観・発達観には偏りがある。だからこそ，偏りを自覚しながら，自分の教育技術・子ども観を吟味し，教師として成長していく過程が大切なのである。

　教師として成長していく過程を支える場を学校の職場にいかにつくるかが問われている。特別支援学校の専門性として，「学校の教育力」を指摘する議論もある（清水，2003）。この視点は通常の学校においても留意されるべきであろう。そして，理論的課題としては，個別の技法に力点を置く立場とは対極に「間主観性」「主体－主体関係」の論理を背景にした特別支援教育論も盛んである。そこでも当然のことだが，関係を創り出し，子どもに働きかける技は必要である。この技を浮き彫りにしながら，背景にある論理を探ることは，個々の教師にとって専門性を高めていくための課題だと考える。こうした理論的な課題を追求する力をもちたい。

2　特別支援教育のカリキュラムづくり・授業づくりと教師の専門性

2.1　カリキュラムづくりの基本

　これまで特別支援教育のカリキュラム論の大半の議論は，学習指導要領を基本にしたものである。「領域・教科を合わせた指導」といった通常の教育では見られない特別な教育課程論の意味を理解すること，それが教師の専門性として重視されてきた。「養護・訓練」から「自立活動」への領域名の変遷過程を理解すること，また，教科指導と生活単元学習の関連と区別を考える力も専門性として重視されてきた。今日でも，「この授業は教科指導なのか生活単元学習なのか」が議論されることもしばしばである。

　こうした指導領域の議論は，教員養成においてどうなされているのだろうか。生活単元学習を仮に大きく「三つの指導の核＝ものづくり・作業の系列，遊びの系列，校外学習などの現実社会に関する学びの系列」に区分してみよう。この仮説は筆者がこれまでの多くの事例を総合して提起したものである。こうした整理を行う営みがどれだけなされているのだろうか。いまだに制度的に常識

とされてきた区分をそのまま学校のカリキュラムに導入しているケースが多い。「日常の生活指導」と言われた領域は，今日では「日常生活の指導」に変化している。その含意がこれまで批判的に議論されてきたとは言えない。

　こうした議論で必要なのは，個々の領域において子どもに何を育てるのかという立ち位置からカリキュラムを考えることである。自立活動の指導を取り立てて行うだけではなく，教科指導においても，自立活動の考え方を生かして，人間関係の指導を教科のなかで試みている事例（高井，2011）などに学びたい。それは教科指導が子ども相互の関係を育てるという教育方法学の論理を踏まえたものだからである。「取り立てての自立活動」を追求するとともに，教科の指導過程に注目して人間関係の育成を構想する授業指導の専門性から，特別支援教育のカリキュラムづくりを進める力量が求められている。

　カリキュラムが「子どもの学びの履歴」であるという論理を踏まえるとき，特別なニーズのある子どものカリキュラムをつくる専門性には，少年期・青年期にふさわしい教育内容とは何かを問う視点が必要である。今日，特に青年期の子どもに必要な教養を問い，それをカリキュラムづくりに生かした試みなど，ライフコースを見通したカリキュラムをつくる専門性が発揮されている（湯浅ほか，2011a）。こうした特別支援教育の試みと通常教育との交流を通して，特別なカリキュラムだと思われてきた特別支援教育を再考することが求められている。

2.2　教育内容構想・集団編成の専門性
2.2.1　育てたい子ども像・青年像

　カリキュラムづくりの専門性は，単に指導領域・分野を議論するだけではなく，子どもにどのような世界と出会わせ，どのような子ども・青年に育成するかを構想するところに発揮される。

　「自制心」の形成を課題にする子どもに日々の「かくれんぼ」の授業を通して「相互応答の世界」にじっくりと導いた指導が生活（校外学習）のなかで生かされた事例（落合ほか，2002）等，子どものなかに形成すべき価値を意識した授業づくりとそれを支える教育内容の構想が必要である。青年期の「自分づく

り」のサイクルを焦点にした取り組みは，青年の自己形成という課題から教育内容を導き出したものである。

　個別の指導領域・分野でも作業学習のなかに子どもの自己決定の力を育てる教育内容を構想するなど，めざすべき子どもの姿に注目したカリキュラム研究とそれを推進する専門性が問われている。就労する力の形成に直接働きかける教育の論理が改めて登場してきた今日において，働く力を人生のなかでどうとらえるのかなど，長期的な視野から教育内容をつくりだすことが必要だからである。

2.2.2　文化の世界との出会いを構想する

　将来の生きる姿を想定したカリキュラム構想を基盤にしながら，学校時代にどのような文化の世界との出会いを図るのかがカリキュラムづくりのポイントである。

　教科指導の分野では，言語文化や運動文化など，授業研究で重視されてきた文化の世界の本質を解釈し，発達と障害に対応しつつ配列する専門性が必要になる。また，障害児が現実の社会と出会う教育内容について「総合的学習の時間」を軸に構想することも専門的力として見逃すことはできない。さらに，「遊び文化」も，単に発達的に初期の子どもたちだけではなく，青年期の段階においても，余暇を楽しむ生活を築くための力を育てる点で，その構想が問われる。それは地域の文化との出会いを組織するような教師の力量であり，こうした広い見地からこれからの特別支援教育のカリキュラムづくりの力量を考えることが必要になろう。

2.2.3　生活し，学ぶ場を構想する

　カリキュラムづくりは教育内容とともに，生活し，学ぶ場である集団をいかに編成するかを課題にしている。

　特別支援学校では生活集団と学習集団の関連の議論が進められてきた。こうした議論の成果を学んでおくことが，専門性を高めるための前提である。特別支援学級では，通常学級からの「取り出し指導」のような指導場面が多い。し

かし，特別支援学級を，遅れを取り戻すといった付加的な場としてではなく，特別なケアの場として位置付けることが必要である。そこでは通常学級担任との共同が不可欠になる。なお特別支援学校においては，最近では自閉症の子どもだけに特化した集団の編成論も提起されている。これらの実践動向を評価する力も専門性として見逃すことはできない。

　発達障害のある子どもの生活と学びの場の中心は通常学級である。通常学級がこうした子どもたちの居場所になるための学級づくり論はすでに多くのところで研究され，実践されてきた。しかし，通常の学校・学級をめぐる今日の状況は，子どもたちを早く適応させようとする傾向にある。こうしたなかで学級づくりを進める専門的な力を発揮するのは容易ではない。発達障害のある子どもとともに暮らす社会をつくる＝集団づくりの実践力量を培うための努力が必要である。

2.3　授業づくりに求められる専門性
2.3.1　特別支援の場での専門性

　特別支援学校・学級を問わず，授業づくりの専門性に必要なのは，教育方法学で議論されてきた授業理論の成果を踏まえることである。障害児教育分野で授業という営みが正面から取り上げられ出したのはほぼ30年前の1980年代の初めである。それまでは「授業づくり」という意識は薄く，障害に対する個別の指導方法に関心が寄せられていた。授業過程の構造や構想論の基本をまず押さえておきたい。

　障害のある子どもたちが授業に参加する媒介として重視されてきたのが教材・教具論である。「ことば・数」などの教科指導の教材では，遊びを媒介にするなど，子どもの生活・興味に根ざす教材・教具論がしばしば指摘されてきた。同時に「優れた教材・教具」の追求もなされてきた。いくつかの事例に即して考えると，特別支援学校の教育では，「失敗の許容・発展性」等の観点が教材の条件として提起されている（図10-2）。そこには本章で指摘してきためざすべき子ども像が明確に意識されている（成田，2008）。

　特別支援学級では，「見える見えないを繰り返す」過程（図10-3）をもとに

NO.	観　点	内　容
1	失敗の許容（判断の尊重）過程・結果の明快性	① 経過や結果が明快である。 ② やり直しが容易である。 ③ 繰り返し行うことができる。 ④ 原因がある程度考えられる。 ⑤ 試行錯誤が可能である。 ⑥ 見通しが持てる。
2	発展性・多様性	① 易→難，少→多，小→大，粗→細，単純→複雑などの過程・段階・種類がある。 ② 工夫の余地がある。 ③ 発想が生かされる。 ④ 道具を使用する（道具の難易度，種類など）。
3	手ごたえ	① 材料（素材）に適度の，抵抗感，めりはり，大きさ，重さ，柔軟性などがある。 ② 働きかけに応じる。 ③ 道具を使用する（道具の操作性）。 ④ 動作（全身，手腕，手指，足など）を伴う。 ⑤ 小さな力から大きな力まで対応できる。
4	主体的活動場面 課題解決場面	① 任せられる場面，判断を求められる場面，一人でやらざるを得ない状況などが確保される。 ② 支援を受けながら，自分で考え，判断し，工夫できる内容が多く含まれる。 ③ 単純なことを繰り返す内容が含まれない。 ④ 指示されたことを，指示どおりに展開する内容でない。 ⑤ 簡単すぎたり，難しすぎたり，時間がかかりすぎる内容でない。
5	人とのかかわりと表現 （共同性とコミュニケーション）	① 相談・協力・報告・質問・発表など，表現する場が多く設定できる。
6	複雑な扱いへの対応 正確さの不問	① 落としたり，投げたりしても壊れない。 ② 誤差が許容される。
7	成就感・責任感	① 一人で責任を持って行う内容が多く含まれる。
8	活動量の保証	① やり方の説明にあまり時間を要しない。 ② 待つ時間が少ない。 ③ 入手が容易で，身近な素材である。 ④ 要求に応じられる内容（量）がある。
9	興味・関心及び実態への対応	① 生活に密着している。 ② 経験したことがある。 ③ 発達段階や個人差・能力差に合っている。

図10-2　すぐれた教材の条件

出所：成田（2008）。

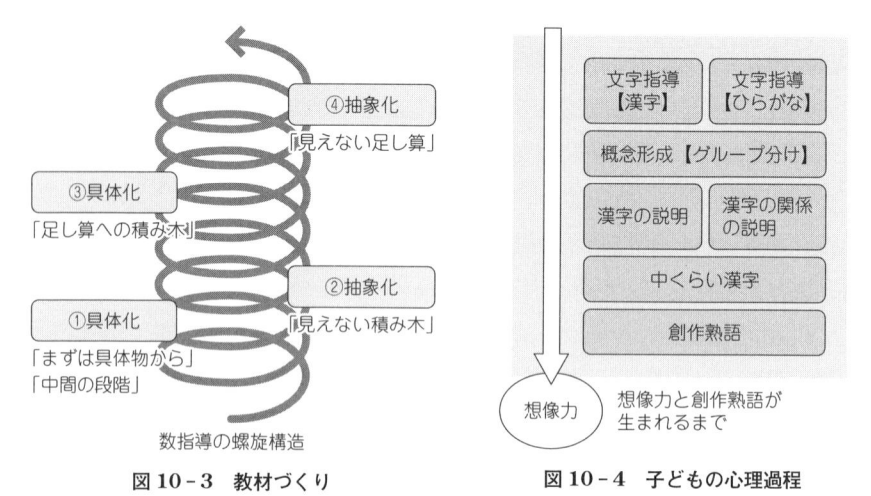

第3部　教師に求められる専門性と力量のアプリケーション

図10-3　教材づくり
出所：村上・赤木（2011）。

図10-4　子どもの心理過程
出所：村上・赤木（2011）。

した積み木教材の意義が提起されたり，「創作熟語」のような想像力の形成という心理過程（図10-4）を踏まえた教材が提起されている（村上・赤木，2011）。

　いずれも障害特性を踏まえつつ，子ども観・子ども像・心理過程といった観点を鮮明にした教材・教具論の提起である。こうした観点をもつための学問的な研修がこれからの授業づくりには求められよう。

　教材・教具とともに，授業の過程をつくる力量を高めるには，授業論が解明してきた「統一と分化」の論理を踏まえることが必要である。

　発達と障害による「差異」に応じた「分化」の構想（たとえば教材の資料を子どもに応じて見えやすくすること，また授業の前半は差異に応じた指導場面をつくること）は特別支援教育の授業づくりにおいては基本的な課題である。そこでは，一人ひとりの子どもに即した「個別の指導計画」を活かす力量が必要になる。また分化論には，学習活動に踏み出す契機を摑みづらい子どもに対して適切な指示・助言を入れるといった教師の働きかけ方の力量も含まれている。

　こうした分化論とともに，差異はありつつ同じ場面での学習を展開する「統一」の論理を踏まえることが課題である。作業学習や生活単元学習の活動だけではなく，教科指導（重度の障害児に対しては課題別の学習）においても，子

どもたちが互いを意識し，つながる場面を設定した共同の学びを構想することが求められている。共同の場だからこそ，個々の発達・障害に即した配慮を行う専門性が発揮されなくてはならない。

なお，自閉症児の指導で個別にブースを設けて授業を展開する典型的な「分化」においても，授業が共同を土台にした営みである以上，個別対応が仲間と切り離された場ではなく，常に仲間とつながっていることを意識させる指導・専門性も見逃してはならない。

2.3.2 通常学級における授業づくりの専門性

通常学級における授業づくりは，主に発達障害と呼ばれる子どもの対応を課題にしている。発達障害と診断されてはいなくても，学習の場に参加・集中することが困難な子どもや「気になる子」に配慮した授業づくりに意識を向けてきた教師から見れば，ことさら新しい専門性を打ち立てなくても，こうした子どもへの対応の延長線上に発達障害を含む授業づくりで済むといった考え方もある。インクルーシブ教育の授業づくりは，「どの子も排除しない」というこれまでの授業づくりの基盤の上に展開される。

しかし，広汎性発達障害などの特別なニーズのある子どもを含む授業の場では，活動の切り替えや活動の進度等，周りの子どもとの差異がいっそう鮮明になる。それに対応するための専門的力量が必要である。

第一には全体を見渡しつつ，個別に配慮するための発達と障害の基本を理解すること，学習活動において予想される困難さを把握する力量である。そして，当然のことだが，教科指導では，各教科の習得に関する困難さ（国語では文章の読解はできても，場や気持ちを想像することの困難さ）を把握する力量も問われる。

第二には，共同の関係を常に意識して授業を構想・展開する力である。それは一斉指導のなかで，学習参加のリズムが異なる発達障害の子どもを「通常」の子どもが理解を示しつつ，ともに学んでいる仲間としての関係を紡ぐ指導の力量である。他方では，当事者としての発達障害の子どもがリズムの差を自覚する力を育てること，そのためには，ゆっくりではあっても本人が学習課題を

納得するための働きかけ等，個別に対応する教師の力が求められる。

　第三には，学習における「個人差」と「差異」の考え方を掘り下げて，共同の場での学習の可能性を探る力量である。「個人差」が，理解度の違いであるのに対して，「差異」は，とらえ方の多元的・多面的な違いを意味し，教材に対して多様な解釈を交わし合うための媒介になるものである。発達障害のある子にとどまらず，こうした差異の表出が保障される学習の場をつくる専門性が問われている。そのためにも，「個人差」「差異」などの教育用語の意味を実践に即して深める研究的態度をもちたい。

　第四には先に述べた「統一と分化」論を踏まえることである。通常学級の場から離れて学習の困難さに対応した場への行き来に対する不安等，当事者の子どもに寄り添うための働きかけ方，またこうした学習の場の多様性を受けとめ，自ら選択する力や，発達の過程において特別な学びの場をさらに選択していく力を育てるための指導など，課題は多岐にわたる。

　第五には，個別の授業だけではなく，また短期間の発達把握ではなく，小学校低学年の間，高学年の間，中学生の時期等を見通して発達をとらえる視野をもつことである。そのための教師間の引継ぎ等のシステムを構築する力も専門性として留意しておきたい。

　最後に，通常学級における授業づくりは未解明の分野である。インクルーシブ教育論・ユニバーサルな授業論等，盛んに提起されている議論も，ここで指摘した五つの課題に正面から切り込んではいない。日々の授業づくりとそれを総括しながら授業を研究する力量について学校全体で高めていく仕事が課されている。

3　専門を越えた参加と共同をつくる

3.1　教師間の共同

3.1.1　共同を阻む壁

　現代を生きている子どもとともに進められる教育実践は，一人の優れた教師の高い専門性だけでは対応できない。なかでも本章がテーマにしている特別な

ニーズのある子どもに対しては，教師間の共同が不可欠である。

　しかし，共同を進めるうえではいくつかの壁がある。第一は，「特別な支援は専門家に」という考え方である。「特殊な子ども」なのだから専門的な知識の豊富な教師に委ねるのは当然だという考え方である。もちろん，特別なニーズの専門的な知見は実践の基盤として大切である。しかし，困難さのある子どもは，生活している集団から切り離されて暮らしているわけではない。多様な関係のなかで暮らしている子どもとして理解する視点をもたなければ，特別なニーズのある子どもをとらえることはできない。特別支援教育を推進する土台に生活指導の視点をもつことを教師相互で共有することを重視したい。

　共同を阻む第二の壁は，学校では通常の学級が主な実践の場だという意識が拭えないことである。障害児学級（支援学級）は，特殊教育の時代には「精薄学級」などと呼ばれて，特殊な子どもの学級として位置付けられてきた。1970年代に交流教育の推進が謳われてからかなりの年月が経つが，支援学級の子にあたたかく接するという意識での交流活動が大半である。通常学級を「原学級」などと呼称しているのもその表れである。

　特別な場を副次的に位置付けるのでは教師間の共同は進まない。通常の学級と特別な場とが同等に子どものための居場所づくりの拠点だという意識をもち，教師が共同して特別なニーズのある子どもへの対応を構想したい。しかし，支援学級担任の人事がきわめて安易に決定される現状など，共同をつくる壁はなお厚い。

　また，発達障害のある子どもが保健室を居場所に選び，そこにとどまるケースもよく報告されている。しかし，こうした状況を学級担任から見ると，「養護教諭が甘やかすからいつになってもクラスに戻れないのだ」という意識になりがちだ。養護教諭にとっても学校保健という任務に加えて，こうした子どもたちが保健室に溜まる現実，そして学級担任からの非難が続く日常のなかで教師の仕事に困難さをいっそう抱え込むことになる。ここにも教師相互の共同を阻む壁がある。

　第三には，成果主義に立つ今日の学級経営の動向がある。学級に早く適応させて，問題のない「いい学級」をつくる，成果を上げることを方針にする傾向

は，ゼロ・トレランスを提起した教育政策を土台にして今日ますます強くなっている。

こうした状況では，管理主義的な力で学級を統制する教師と，子どもに寄り添いながら学級社会をつくりだそうとする教師との対立が増す。また特別支援のための多様な技法が知らず識らずのうちに発達障害のある子どもを早く学級に適応させ，特別支援の成果を早く出すためにという意識で使われることもあるのではないか。そこには第一に指摘したように，特別支援の専門性が子どものためというよりも，教師・学級経営の都合で用いられることになる。こうした状況に疑念をもつ教師との対立が生まれる。

3.1.2 共同をつくるために

教師間の共同をつくるうえで，同僚性の意義が指摘されてきた。特別ニーズ教育の視点からその意義を考えるとき，子ども理解のスタンスの違いを許容する場づくりが課題となる。発達の基盤に課題のある小学生が通常学級に適応することができずに支援学級・保健室を居場所にしたために通常学級担任との対立を生んだ事例（湯浅ほか，2011b）では，3.1.1で述べた「甘やかし」をめぐる意見の対立を承認するところから共同への途がスタートしている。

成果主義に立つ今日の学校では，「甘やかしは許さない」という多数の意見に対して，甘えることのできる溜まり場とでも言える支援学級・保健室の教師の意見は少数派である。しかし，この事例では少数派ではあっても，「立場の違いを認めて子ども理解を進めるという意見の多数派になろう」という方針で教員集団が集い，学校に「子どもの居場所」をめぐる活発な議論が展開された。

共同を紡ぐ過程で多くの教師自身が，知らず識らずのうちに成果主義に追い込まれている生活を意識化していく。そこには共同の議論の場・輪をつくるリーダーシップが不可欠である。特別支援コーディネーターの役割もこうした共同を紡ぐリーダーシップにある。多様な研修を通したコーディネーター養成が進められているが，制度設計や連携の枠組みの議論が中心になり，今日の学校を問い，子ども観や発達の見方をめぐる議論をリードする視点は忘れられやすい。本章で述べてきたカリキュラムづくりや授業づくりとそれを支える子ど

も像を探究する専門性を抜きにして学校教師の共同をリードすることはできない。授業づくり・学級づくりという教育実践の専門性・力量を深めることと教師の共同をつくる仕事とを結び付けてとらえたい（清水，2003）。

このことに関連して，教師間の共同を考えるうえで必要なのは，特別支援の論理を通常の教育につなげること，逆に，通常教育の成果を特別支援の世界に活かすことである。従来，特別支援学校・学級と通常学級の教育は，それぞれ別の論理・専門性のもとに進められてきた。しかし，考えてみれば，障害や発達の特性はありつつ，ともに子どもの自立をめざす教育の大同には違いはない。むしろ，支援学級・学校の教育実践の成果は，通常学級におけるそれに活かされるはずである。

こうした教育実践を進める論理に立って学校種の異なる職場に勤務する教師相互の共同をつくることによって，各々の専門性がより豊かに確かなものになるのではないか。揺れながら自立の課題に挑んでいる特別なニーズのある子どもへの支援の論理を通常学校の子ども理解に活かすこと，そのためには，たとえば，特別支援学校に地域の小・中学校の教師が集い，子どもの発達の理解や支援の手だてを学び合うこと等，身近な取り組みを始めてみたい。

また，発達障害のある生徒の高等学校段階の支援を考える現代の課題も，進路指導という視点とともに，思春期から青年期に至る生徒にとって学びとは何か，通常の高校生にも突きつけられた課題として引き取る等，特別支援の課題を普遍的教育課題として引き取ることも問われている。

以上の視点とともに，教科指導の専門性を徹底して追求してきた教師の教材解釈・教材研究の視点を特別支援教育の授業づくりに活かしていくための共同論もこれからの課題である。そしてまた，発達に応じた支援や活動論，集団編成論で多くの実践的な成果をもつ保育・幼児教育における特別支援の成果を，学齢期を受け持つ教師が学び，専門性を高めるために交流する機会を増やすことを進めたい。

3.2　保護者との共同

最後に特別支援の専門性として，保護者との共同論の位置付けを考えてみた

い。第一のポイントは，障害の理解・受容をめぐって教師よりもはるかに多くの知識を積んできている保護者との共同，逆に障害受容に困難さを示されている保護者との共同という2つの課題にどう対応するかである。

　後者の場合，教師の目線から保護者が子どもの障害を受け容れるのは当然だというスタンスで対応するのでは共同の関係は構築できない。受容できないでいても日々の生活において障害のある子どもとどう暮らしていくのか，その困難さ・願いを共有する過程をつくりだすかが課題になる。そこでは教師の専門性というよりも，子育てをともに担い，探る関係に立ち，思いを共有するスタンスが求められる。

　前者の場合には，教育内容・方法をめぐって教師への要求が多く，それが教師との共同を阻む壁になることも多々ある。ここでも，一方では障害のある子と暮らしてこられた保護者の知恵・見方に助けを借りるスタンスをとり，ともに子どもの自立を探る共同の関係に立つことが必要である。そして，子どもの成長・発達を評価するときにも，本章のはじめに述べてきた自立の課題に沿って，どこをどう評価すればよいのかをともに考える姿勢をもつことによって，単に適応的な行動を形成するだけではなく，内面の成長を見取る大切さを理解しあう関係をつくりだしたい。

　第二に，教育の場の選択・進路の選択は保護者との共同をつくるための重要な課題である。社会性を形成するという願いから通常学級の在籍を望む保護者の声も，教師間の共同の項目で述べた課題が克服できない状況では，通常学級に「ダンピング＝投げ入れられる」だけであり，願いに真に寄り添うことはできない。また特別支援学級の指導が，「水増しカリキュラムの教育」の水準にあるとすれば，子どもや保護者のニーズに応えることなどできない。このように保護者の願いに寄り添うことを考えれば考えるほど，学校における特別支援の指導力・専門性を高めることが必要になる。

　インクルーシブ教育の時代にあっても「ダンピング・水増し」という未だに克服できない過去の負の遺産を克服して，新しい時代の特別支援教育に進む教師の専門性を確立したいものである。そのためにも，特別支援教育の開始以降，子どもの数の増加が著しい特別支援学校・学級とそこでの異常とも言える教室

空間(廊下での授業など),教育条件の改善が喫緊の課題である。

引用・参考文献

赤木和重(2008)「自閉症における『障害特性に応じた教育』再考」『障害者問題研究』(36)3,全障研出版部.

落合俊郎・橘英弥・杉本健郎・松本嘉一・重度障害児教育のあり方を考える会編(2002)『いのちキラキラ 重症児教育——堺市立百舌鳥養護学校分校からの発信』クリエイツかもがわ.

清水貞夫(2003)「障害児教師の専門性」『障害者問題研究』(31)3,全障研出版部.

髙井和美(2011)「友達と一緒に『わかる』経験を通して『できる』ことをめざした言葉の指導」『自閉症教育の実践研究』20,明治図書.

成田孝(2008)『発達に遅れのある子どもの心おどる土粘土の授業——徹底的な授業分析を通して』黎明書房.

浜谷直人(2004)『困難をかかえた子どもを育てる——子どもの発達の支援と保育のあり方』新読書社.

村上公也・赤木和重(2011)『キミヤーズの教材・教具』クリエイツかもがわ.

八幡ゆかり(2011)「自閉症に対応した個別の指導計画の作成と実践に関する研究」日本特別ニーズ教育学会編『SNEジャーナル』17,文理閣.

湯浅恭正編(2008)『現代の教育課題と集団づくり(1) 困っている子と集団づくり——発達障害と特別支援教育』クリエイツかもがわ.

湯浅恭正・新井英靖・高橋浩平・吉田茂孝・小川英彦編(2011a)『発達障害児のキャリア形成と授業づくり・学級づくり』黎明書房.

湯浅恭正・越野和之・大阪教育文化センター編(2011b)『子どものすがたとねがいをみんなで』クリエイツかもがわ.

渡部昭男(2009)『障害青年の自分づくり——青年期教育と二重の移行支援』日本標準.

(湯浅恭正)

第4部
高等教育・現場教育における取り組みのパースペクティブ

第 11 章
養成段階でめざす教師の専門性

　本章では，大学の教員養成段階で身に付け，修得すべき教師の専門性の基礎とは何かについて考察する。教師の専門性は，教職就任後，長年月にわたって研鑽を続けることで高め，深められていくものであるが，養成段階（大学の学士課程・教職課程）で培うべきその基礎的な力量とは何か。ここでは，それをどのように形成すればよいかを考える。まず最初に，専門性の基礎として身に付けるべき「教養」とは何かを明らかにする。次に，習得すべき教師としての「専門的力量の基礎」とは何か，それをどのように獲得すればよいかを，専門性のスタンダーズ，教師の自律性そして協働性の3つの観点から探り，明らかにしていく。

1　専門性の基礎を築く学士課程

　教師の専門的力量は，学士課程において完成されるわけではない。教職就任後，教育実践のなかでの研鑽や現職教育（大学院等での研究を含めて）を通して，さらに発展させられ，完成の域へと至らしめられる。したがって，学士課程においては，教職着任の後，即座に実践を担い得る力量を形成し，身に付けることはもちろんのことだが，就任後さらに専門的力量を高めるべく研鑽を積み続けるための基礎を築くことを企図しなければならない。

　専門的力量の基礎は一体どのようなものとしてとらえられるべきなのか。たとえば，教員養成の学士課程において，教師となるために，どのような力量を培うかということに関わって，「私は学生に『大学では30年間教員をやり続けられる基礎体力をつけておきなさい』と言っている。それは幅広い教養と人格だ。生身の人間が生身の人間を教えるには，学力を上げるテクニックだけでは続かない」（長尾彰夫「大学では基礎体力を」朝日新聞　2011年12月24日夕刊）とい

ったことが言われたりする。要するに，大学在学中には，教師となるに必要な教科の指導力や生徒指導の力量など教師として当然身に付けるべき資質の形成にいそしむべきことはもちろんのことだが，それよりも何よりも教師となって長年月にわたり，その職責を続け，全うすることができるように，「幅広い教養と人格」という意味での「基礎体力」をこそ身に付けるべきだというのである。

では，その「基礎体力」の中身とは何か。そこをこそ明らかにする必要がある。「基礎体力」の中身となる専門的力量の基礎としては，人間，社会，自然に関する幅広くかつ深い教養や教科，教職に関わる様々な知識，技能の基礎といったものが考えられるが，まずは，人間，社会，自然に関する教養の内実とされるものが何なのかを問うことにする。

2　専門性の基礎としての教養

専門性形成の基礎となる幅広く豊かな教養とはどのようなものか。これを考えるにあたって，日本学術会議が文部科学省高等教育局長から依頼を受けて回答した，「大学教育の分野別質保証の在り方について」と題する回答書のなかに示された，養成すべき教養についての見解を手がかりに専門性形成のための基礎教養のあるべき姿をとらえてみたい。

2.1　「市民性」の基礎としての「世界の認識と世界への関与」

将来，学生が専攻する領域の専門家となるために習得すべき基礎教養としては，専門分野の細かな知識や能力ではなく，将来にわたって職業人あるいは市民として世界と関わっていくための基礎となり，基本となるものが重視されるべきである。学問とは，「その知的生産物とともにそれ自体が人類の知的公共財であり，世界（人間，社会，自然）を知り，世界に関わるための知的営為」（日本学術会議「大学教育の分野別質保証の在り方について（回答）」2010年，5頁）なのであり，それぞれの分野には，固有の哲学・方法論が存在している。それはすなわち，「当該分野に固有の『世界の認識の仕方』，あるいは当該分野に固有

の『世界への関与の仕方』」(同上，5頁)ともいうべきものであり，当該分野に関わるすべての教育課程が共有すべき「基本」であり，「核心」であり，「出発点」となるものである。

「世界の認識の仕方」「世界への関与の仕方」に関わる「基本的な素養」としては，「ジェネリックスキル，コミュニケーション能力といった，市民性の涵養に寄与する教養」(同上，7頁)といったものがまずは考えられる。しかし，専門教育とは区別して，教養教育という場合，単に漠然とした教養や，あるいは純然たる準備教育ではなく，「市民教育という理念」が原点にあることが改めて認識されることが重要である。

このように「市民教育という理念」のもと「市民性の涵養」を図ることを専門性形成の基礎教育ととらえるとすると，「教養教育が目的とする市民性，あるいは市民的教養の今日的姿」は，以下のようなものとなる。

2.2 教養教育がめざす「市民性」

まず最初に，教養教育がめざす「市民性」とは何かを問うと，それは，社会の公共的課題に対して立場や背景の異なる他者と連帯しつつ取り組む姿勢と行動を社会の中に生きる人々が身に付け，備えていることを意味する。このような市民性を社会のなかで十全に発揮して生きるために必要とされるものとして，「グローバリゼーションに伴う産業構造の変化や，メディアの変貌による世界的な規模での社会の変動への対応力」(同上，28頁)が挙げられる。しかし，その際に留意すべきことは，「対応力」という概念が，個々人による現状への「適応能力」にのみ還元されてはならないということである。適応とは，現状を所与とし，それに自らを合わせていく行為であり，人が社会で生きていくうえで不可欠な要素である。しかしこれだけでは，無自覚に現状を追認し，そこでの自らの利益の最大化のみを追求するような利己的な人間像を許容することにもなりかねない。したがって，将来の市民となる若者にとって重要となるのは，たとえば世界的な社会の変動や，それに伴う格差の拡大といった現状が，どのような条件の下に生まれているのかを理解し，それが歴史的に唯一不可避の現状ではないことを想像する力をもつことである。つまり，現状とは多数の

選択可能性があり得たなかの一つの現実態にすぎず，したがって，「現状に問題があれば，未来においてそれは作り変えられるものであるという想像力，構想力を持つことが，ここでいう『対応力』」（同上，28-29頁）でなければならない。そして，過去を学ぶことによって，あり得た現在を想像し，現在を深く知ることによって，あり得べき未来を構想する力を育成することが重要になるのである。

次に，なぜ市民の育成なのか，市民とは何なのかについて問うと，近年，日本においても官による「公共性の独占」を問い直し，市民が公共性の新たな担い手となるべきことが叫ばれている。では，市民として生きるとはどのようなことか。ここで，西欧文明の理念的な考えを要約すれば，「言論と行動，そしてその自律を尊ぶ精神」「誰からも支配されず誰をも支配しない，他者との対等な関係」「動機における個人的な利害からの自由」（同上，29頁）といったことになる。このような生き方は，社会的な問題を解決するための手段というより，むしろそれ自体，人が自他をかけがえのない存在として「生きる」目的となるものであり，社会の基盤となる理念として，歴史を超越して探求されるものであると言える。そして，そこでは，自立を支える高度な知的批判力と，発言し行動する「勇気」が求められるのである。

2.3 市民的教養としての「全体的知見」

それでは，次に，いよいよ現代社会における市民性の涵養という観点に照らした場合の，教養教育を通じて形成する知の共通基盤とは何かを問うことにしよう。

まず1つ目は，現代社会の諸問題についての全体的な知見である。現代社会が直面している諸問題は，「危機に瀕する地球環境，経済のグローバル化がもたらす光と影，情報技術の発展に伴うメディア環境の激変，9.11以後の国際社会の不安定化，人権やジェンダーをめぐる相克，生命・医療技術の発展に伴う社会的・倫理的諸問題，先進国における少子高齢化の進展と途上国における人口爆発」（同上，30頁）など，おびただしい数に上る。こうした諸問題は，何れも，一つの学問分野の知見のみで適切にその全体像を理解することは困難であ

り，また，異なる利害，異なる価値観が現在進行形で衝突する論争的な性格を有している。現代社会の諸問題を教養教育の題材として取り上げる場合には，このような「一筋縄ではいかない」面について常に自覚的であることが求められる。

　これらの諸問題について学ぶ場合には，一義的な正解の存在しない問題について，学際的な視点で物事を考え，多様な見解をもつ他者との対話を通して自身の考えを深めていく経験をすることが期待される。また，社会の現実や人々の生き方が内包している矛盾に対して敢えて向き合い，そうした矛盾について，「世の中とはそういうものだ」で終わらせずに，なぜそうなっているのかを徹底的に考えることも必要である。過去を学ぶことによって，あり得た現在を想像し，現在を深く知ることによって，あり得べき未来を構想する力を形成すべきなのである。そのためには，流されずに独自に判断できる力，知的誠実さとともに物事の自明性を疑う力としての批判力が不可欠である。学生の指導に当たる教員もまた，現代社会の諸問題を題材として，「現状がなぜこのようになっているのか」という疑問を学生と共有し，教員が自ら応答し，あるいはファシリテーターとして学生の調査や相互の議論を支援しながら，「現状をどのように変えるべきか」を徹底的に思考したり，させたりすることが重要な意義をもつ。

2.4　文理2つの文化の総合的習得

　2つ目は，文系と理系による「2つの文化」ともいうべき学生の基本的素養の分断的な状況を再考し，両者の学生の文系と理系相互に跨る統合的な素養の獲得をめざすことである。分断的な状況は，現代社会の諸問題を学際的な視点で考えるうえでも大きな支障をもたらし，人々の連帯を支える知的基盤の共有を損なっている。高等学校段階からの理系と文系の区別に基づく教育は再考される必要があるが，大学の教養教育を通じて両者の橋渡しをする努力も一層その重要性を増している。そのために求められるのは，「文系と理系が共有する『新たな科学的リテラシー』」（同上，30頁）である。市民に必要とされる科学技術リテラシーを培う学びが学生には重要となる。具体的には，「精選された科

学的知識の教育」「科学的思考の特質」「科学研究のダイナミックな性質」「科学と技術のかかわり」「科学技術の社会における役割」(同上, 30頁) などの学びが挙げられる。

　文系の視点からは，現代社会において，科学技術のもつ威力は絶大なものがあり，社会の在り方，人々の生活に大きな影響を与える存在であると言わなければならない。科学的思考を通じて我々の世界認識は合理化され，科学技術を通じて先進国の豊かな生活が実現されたことは確かである。しかしその一方で，科学技術の急速な発展は，地球全体の環境を脅かす事態を生み出し，人類が長年にわたって築いてきた価値観や道徳感情では対応できない新たな問題（たとえば生命倫理の諸問題）を社会に提起するなど，その発展を自由放任することの問題性も浮かび上がっている。したがって，科学技術を社会の公共的目的のために活用するにはどうすればいいのか，将来の科学技術の在り方はどうあるべきか，などについて考える能力を備えた市民の形成が教養としての学びにとって重要な課題となる。

　理系の視点からは，専門教育のための基礎科目としての自然科学教育に加え，文系学生と同様，理系学生に対しても市民的教養の形成の観点から，科学技術の社会における役割，科学技術の専門家の社会的責任，倫理的課題，科学技術と政治・経済との関わりなどについての，人文・社会科学的な視点からのアプローチを含む学びが必要である。特に理系学生においては，専門教育における学習内容と社会との関係が希薄にならざるを得ない性質をもつことからも，こうした学びをカリキュラムに組み込むことが求められる。

2.5　批判的コミュニケーション能力の形成

　3つ目は，基本的素養としての「コミュニケーション能力」の育成という点に関わってである。現代にふさわしい「市民的教養」を考えるうえで，コミュニケーション能力は重要な要素である。なぜなら，他者との「協働」の能力を向上させることこそがコミュニケーション教育の目的だからである。公共的課題の発見とその解決においては，自らの価値観や視点とは異なる他者と出会い，他者の価値観や視点を理解し，協働する能力が求められる。同時に，自らの意

見を論理的に構成し，交渉を通じて合意を生みだす能力も育成されねばならないのである。では，素養として求められる「コミュニケーション能力」とはどのようなものか。ともすれば，コミュニケーション教育は表現スキルの訓練になりがちである。しかし，コミュニケーション教育はいわゆるプレゼンテーションスキルや口頭での発表能力の向上に尽きるものではない。なぜなら，コミュニケーションは一方的な情報伝達の営みではないからである。自らとは異なる意見，感覚をもつ人々と出会い，それを「聴く」能力こそが重要であり，そのうえで対話が可能になるのである。対話とは，それを通じて自らの意見や感覚が変容する可能性を秘めた営みであり，他者との出会い，違和感の経験こそが対話の出発点である。この点で，ディベートとは異なることが理解されるべきである。ディベートは，あるテーマについて，ゲームとしての論争を行うための訓練としては意味があると言える。しかし，ディベートの前と後で必ずしも自らの見解を変える必要性のないゲームである。反対に，対話に勝ち負けはなく，そこにあるのは，「理解の深まりであり，自己反省であり，他者への共感の発生」（同上，37頁）なのである。

しかも，コミュニケーション教育は，単なる合意形成の手法の習得に尽きるものではない。現実には，いかに合意形成が困難であるか，あるいは合意形成を目的としたコミュニケーションが場合によっては同調圧力を強め，いかに相互の理解を阻害するかといったことを感得することの方が重要である。「合意できないものは合意できないままに，協働の可能性を探る，合意できなくとも決定しなくてはいけない場合には，意見の対立を残しつつ決定する，といった現実のコミュニケーションの多様性，複雑さを理解し，実践する能力が必要なの」（同上，37頁）である。

このようにみてくると，教師の専門的力量の基礎となる教養とは，単なる知識，技能のレベルでとらえられるものではない。自らが関わる世界に対して，常に理解，共感とともに変革的に臨み，接するために必要とされる「知の技法」，世界をとらえるための深く豊かな知識と批判的能力，世界の構築に参与しようとする建設的実践力であると言える。

3 専門性の基礎としてのスタンダーズ

3.1 国家によるスタンダーズ

　次に，この度，中央教育審議会の答申に基づいて大学の教職課程に開設されることになった「教職実践演習」の内容として示された「スタンダーズ」に批判的検討を加えながら，学士課程で身に付けておくべき基礎的な専門的力量の基準化を試みたい。

　上記の中教審答申に先立って1997年に出された教育職員養成審議会答申「新たな時代に向けた教員養成の改善方策について」において，「教員に求められる資質能力」として，「いつの時代も教員に求められる資質能力」と「今後特に教員に求められる具体的資質能力」が示された。前者は，「専門的職業である『教職』に対する愛着，誇り，一体感に支えられた知識，技能の総体」といった意味内容を有するものとしてとらえられている。後者については，表11-1のような3つの項目に整理され，示されている。

　このような教員の資質形成に対する要請は，やがて大学の学部段階の教職課程における教育内容・方法の改善・充実という方向で具体化されることが求められるようになる。2006年に出された中央教育審議会答申「今後の教員養成・免許制度の在り方について」において，教職課程の教育内容・方法の改善・充実の一環として，そのカリキュラムのなかに，「教員として必要な資質能力の

表11-1　今後特に教員に求められる具体的資質能力

1．地球的規模に立って行動するための資質能力 　① 地球，国家，人間に関する適切な理解 　② 豊かな人間性 　③ 国際社会で必要とされる基本的資質能力 2．変化の時代に生きる社会人に求められる資質能力 　① 課題解決能力等に関わるもの 　② 人間関係に関わるもの 　③ 社会の変化に適応するための知識及び技能 3．教員の職務から必然的に求められる資質能力 　① 幼児・児童・生徒や教育の在り方に関する適切な理解 　② 教職に関する愛着，誇り，一体感 　③ 教科指導，生徒指導等のための知識，技能及び態度

最終的な形成と確認」のための科目として「教職実践演習」を新設し，必修化すべきである旨の答申がなされた。その答申を受けて，今や教職課程を有する大学においては，この当該科目が設置されるに及んでいる。答申は，この科目のなかで教員としての資質が身に付いたか否かを確認するために，以下の4点の内容事項を組み合わせ，授業を編成することの必要を示している。

　① 使命感や責任感，教育的愛情に関する事項
　② 社会性や対人関係能力に関する事項
　③ 幼児児童生徒理解や学級経営に関する事項
　④ 教科・保育内容等に関する事項

ここでは以下，これらの内容事項に検討を加えつつ，大学の学士課程，教職課程で身に付けるべき教師の専門性の基礎のあるべき姿を明らかにしていきたい。

3.2　基礎的力量の形成とスタンダーズ

まず最初に，内容事項の筆頭に挙げられている「使命感や責任感，教育的愛情」についてであるが，教師が自ら行う教育に対して使命感と責任感をもち，子どもの成長発達を願って彼らに深い愛情を示しつつ日々実践に取り組むというのは，教師として当然のことであり，これらが教師の身に付けるべき資質の第一として挙げられるというのも強く肯けることである。しかし，ここで注意しなければならないのは，その「使命感や責任感」が誰に対して担われるべきかという点である。これら使命感，責任感は，あくまで自らが教育の対象とする子ども，その子どもの成長発達を願う親，そしてその親を含めた，子どもの安寧と幸せとを望む「人民の総意としての社会」に対してであって，決して教育を管理し，統制しようとする立場にある者や機関，民意をひたすら抑制し，統制しようとする国家や社会に対してではない。教師は，まさに成長発達を遂げようと苦悩する子どもに対して深い教育的愛情を注ぎ，その子ども自身と彼の成長を願ってやまない親とに対して直接の責任を負って日々実践に取り組むべきなのである。国家や人民無視の社会の教育的要求に無批判につき従うのではなく，子どもの成長発達にとって何をなすべきかを第一義的に問いつつ，抑

圧的な国家社会の要求が子どもの成長を阻むものであると確信するならば，それに対して屈せず抵抗し続けるような真の使命感，責任感を自らの内部に形成すべきなのである。

次に，「社会性と対人関係能力」についてであるが，この内容事項についても教師となる者は，その資質として自らの内部に十全に形成し，身に付けることが求められる。教師は，日々の教育実践や学校の運営にあたって，教師集団の一員として協働的にそれらの任務，課題に取り組まなければならない。また，そのためには，保護者や地域との信頼関係を良好なものとして築き上げていくことも必要となる。したがって，教師は，無用に自分の殻に閉じこもり，独善的になったりするのではなく，他の教師，保護者，地域との相互理解，信頼関係の上に立って，協働的に実践に取り組まなければならない。しかし，このことは，むやみに協調性を重視するあまり，自らの主張，意見を常に押しとどめ，他に付和雷同するといった「事無かれ主義」を意味するものでは決してない。子どもの成長発達を促進する実践を日々，創造し，構築するために，自らの教育的信念に則って，意見を堂々と表明し，他の教師とともに切磋琢磨しながら自らの力量を高め合う関係を築き上げたり，保護者，地域と協働的に子どもたちの教育に当たる関係を構築していかなければならない。

「幼児児童生徒理解や学級経営」については，教師の子どもに対する教科指導および教科外指導の前提として，確かな指導的力量を身に付けることが求められる。ただし，「子ども理解」というとき，それは決してただ単に客観的に子どもの実態をとらえればよいということを意味しない。子どもの性格特性や学力を調査的に数値化して把握するということでは，子どもの真の姿を知ることはできない。そのような子ども把握は，結局のところ，子どもたちに対してレッテルを貼り，彼らの発達を固定化し，彼らを差別し，選別するための道具と化す。子どもの心を開き，彼らの成長発達を促すといった「教育の論理」から大きく逸脱することになる。子どもを理解する際に重要なことは，彼らを発達的苦悩の中を生きる，すなわち理想と現実の狭間を葛藤しつつ生きるという意味で，全体的な姿をもつ存在としてまるごととらえ，その姿を共感的に理解することなのである。そのことで，子どもたちの閉ざされた心は開かれ，自ら

意欲する主体へと育ち上がっていくのであり，それによって教師による学級経営も十全な効果を発揮できるようになる。

　最後に，「教科・保育内容等の指導力」であるが，これについても教師となる者が当然身に付け，十全に発揮すべき力量である。教師は，各教科の指導内容を深く研究し，その体系を我がものとして獲得しておくということは言うまでもなく，それらの内容を子どもたちが確実に理解し，習得することができるように子どもたちの認識発達のレベルに即するかたちで教材化する力量，子どもたちがその習得すべき内容を自らの思考，認識，表現活動を介して主体的かつ能動的に学び取っていく過程を組織，指導できる指導技術の体系を身に付けておくことが求められる。これら一連の教科内容の指導力の形成，獲得を通して，教師は，無闇矢鱈と皮相な知識，技能を子どもたちに詰め込み，「学力テスト」の成績向上に汲々とする「為政者好み」の頽落した教師になり下がることを免れるのである。

4　教師の自律性の基礎の形成

4.1　変化への対応と問題解決能力

　教師は教職に就くやいなや学級の担任を任され，学級経営，教科指導，教科外指導，保護者への対応といった様々な実践そして業務を自らの責任において遂行することを求められる。1年の研修期間は設けられてはいるものの，これらの実践，業務の遂行は，就任と同時に始まる。教師はその職務の当初から自主的で自律的な職務に対する姿勢が強く求められる。したがって，ここでは，教職就任後，自らの見識と判断によって教育実践を進め，また専門的力量を高める研鑽を自ら行っていくための力量の基礎の形成の在り方について論じる。とりわけ，問題解決能力の形成の問題に焦点を絞って考えることにする。

　前節において，中教審の答申に先立って1997（平成9）年に出された教育職員養成審議会答申「新たな時代に向けた教員養成の改善方策について」のなかで示された「教員に求められる資質能力」を紹介したが，そのなかの「今後特に教員に求められる具体的資質能力」の一つとして，「変化の時代に生きる社

会人に求められる資質能力」が示されている。その中味として「課題解決能力等に関わるもの」「社会の変化に適応するための知識及び技能」といった問題解決能力に関わる内容項目が挙げられている。

　今日の教育状況は，このような資質能力を切実に求めざるを得ない様相を呈している。絶えず変化して止まない社会情勢の下で，理不尽とも言える無理な教育要求が社会から学校教育に対して，そして教師に対して突きつけられている。また，そうした社会変化のなかで，子どもたちも無用と言っても過言でないマイナスの影響を受け，その健全な成長発達を阻害される深刻な状況に置かれている。こうした事態のなかで，教師は日々様々な問題に直面し，それら問題の即時の解決を迫られつつ実践に取り組まざるを得なくなっている。したがって，将来，教職に就くことをめざす者は，確かな問題解決の力を自らのうちに形成し，身に付けることが切に求められる。

4.2　問題解決能力の形成と教師の自律性

　では，問題解決能力とはいかなる能力のことか。問題解決能力の基礎理論となっているのは，アメリカのプラグマティズムの哲学者，ジョン・デューイ（Dewey, John）の提唱した反省的思考（reflective thinking）の理論である。彼は，科学の探求の方法を人間の日常生活における問題解決のための思考方法に適用し，概ね，次のような諸局面から構成される問題解決のための思考の過程を明確化した。まず，人間は生活の過程で，その生活が順調に進行しなくなるような状況に直面する。すなわち，障害や困難に行き当たる。次に，その時，人間は，なぜ生活が思いどおりに進まないのかを振り返って考える。行為の進行を阻む問題が何なのかを探り明らかにしようとする。そして，問題が明らかになったら，次には，その問題を解決し，困難な今の状況を乗り越えるための方法を探り求める，方法が明らかになったら，最後に，それを実際に使って行為を再開してみる。順調に，行為が進行していけば問題は解決されたことになる。このような一連の思考過程が反省的思考の過程と言われるものである。

　教師は，日々の実践のなかで，様々な問題に行き当たる。子どもが教師の指示に従わない。学習に対する意欲を見せない。課題について話し合わせ，意見

を出し合わせても出てくる意見が表層的なものであったり，深まりや広がりが見られなかったりする。挙げれば数限りなくきりがない。ある意味で教師の実践は常に「つまずき」に満ちているものだと言える。そんな時，教師は誰に頼ることもなく自らの力でこうした様々な問題状況を解決し，突破していかなければならない。なぜ，子どもが言うことを聞かないのか。その原因はどこにあるのか。子どもたちの内部の問題なのか，子どもたちの置かれた環境に問題があるのか，それとも教師自身の対応に無理や至らなさがあるのか，といったようにあれこれと思いをめぐらせる。そして，その原因を突き止め，問題を克服するための方途を探り，その方法が明らかになったら，その方法を用いて対応し直してみる。こういった一連の過程を経ながら，教師は，日々行き当たる自らの実践上の問題に対処することが求められている。

したがって，教職をめざす者は，大学の学士課程在学中から，日々の大学での学びのなかで問題探究的な学習・研究に取り組むことはもちろんのことだが，なるべく機会を捕えて，子どもに対して問題解決的に関わる「経験」を積むことが大切になる。そのような機会としては，教育実習がまず考えられるが，それに限らず，学校現場からの要請を受けて取り組む子ども支援活動や子どもたちの長期間の校外宿泊行事の学生リーダーとしての活動，大学の内外で実施される子どもたちを対象とするボランティアなどもこのような経験を深める絶好の機会となる。これらの機会を活用して，教師としての問題解決能力の基礎の形成を図ることが大切である。

> ＊この点に関わっては，たとえば，久田敏彦は，「教員養成と大学の教育実践」（大阪教育大学『教育研究所報 19』1984年所収）のなかで，大学の教員養成学部における教育実践が教育の実践的事実を学びの発端として，学生が教育実践の「技」や「学問的自治」を学び取ることのできるような教育的知性を開くことのできる場として構想し，構成することの重要性を強調している。
> ＊＊問題解決的に関わる「経験」を積む際に留意すべきことは，関わりのなかで反省的に事態に対して「反省的」にいきなり対応することは，相当の経験を要することであるから，事後に「省察的」に実践（経験）に対する「ふりかえり」を行うことが重要になる（竹内，2012：173）。

その際に重要となるのは，問題の解決に当たって，大学で学んだ様々な専門

科目及び教職科目の知識，技能を活用し，援用するということである。大学で学んだ理論（知識や技能）は実践には役には立たない，とはよく言われることである。しかし，果たしてそうか。私見を述べるならば，それは，理論と実践をつなぐための力量や技量をもたぬがゆえに生じてくることなのではないか。「教育的タクト*」とは，ドイツの哲学者でもあり，教育学者でもあったヨハン・フリードリッヒ・ヘルバルト（Herbart, Johann Friedrich）によって提唱された教育的術知である。この教育的タクトは「状況への対応のための素早い判断と決定」を行う教師の力量を意味するが，この術知は「理論と実践の媒介項」として機能するものである，とヘルバルトはこの術知の性格を規定している。この教育的タクトを鍛え，形成することによって，理論は実践に生かされていくことになり，このタクトは，問題状況に実践的に関わる経験を通して形成されていくことになる。したがって，教師をめざす者は，実践に関わる機会を無為に過ごすことなく，そのなかで常に問題的な状況に我が身を置き，身に付けた理論や技術を適用し，活かし，駆使しながら問題の解決を図ることに努めなければならない。このような経験を着実に積み重ねることを通して，自らのうちに，自主的に実践に取り組むことを可能にする問題解決能力が形成されていくことになる。

> *このような「教育的タクト」の術知としての性格を現代的な意味で捉え返すならば，最近，教師の資質能力として重要な位置を占めるとして強調されるようになった「ディスポジション（disposition）」は，まさにこの「教育的タクト」の概念を深め，発展させたものと言える。ディスポジションとは，「Theory for Practice（実践に必要とされるものの理論を学ぶこと）と Theory in Practice（実践のなかで経験を通して構築される理論）を止揚する Theory of Practice（実践のための理論と実践のなかでの理論をつなぐ理論）」（小柳, 2011）としての「Core proposition」を意味し，「知識やスキルを束ねる教師教育にとって大変重要なもの」（小柳和喜雄「教師の資質能力としてのディスポジションに関する予備的研究」）であるととらえられている。

5　教師の協働性への構えの形成

　教師の実践的活動の展開は，個々の教師の個人的な力量や能力に支えられているということは言うまでもない。しかし，教師が実践のなかで日々遭遇する問題に取り組み，解決し，十分な教育的効果を発揮していくためには，教師集団が協力し，また協働して実践的対応に当たることが重要になる。教師一人ひとりの力量，能力だけでは，教育という大事業を実りあるものとして成就し，達成していくには十全であるとは言えない。したがって，ここでは，教職就任後，教師集団のなかで相互に切磋琢磨しながら専門的力量を高めていくための構えを学部学士課程における学びのなかで形成するための方途を探っていくことにする。

　この問題を考えるにあたって，まず，「協力」「協働」が意味するものは何なのかを問うことから始めたい。協力と協働は，同様の意味をもつものとして用いられる傾向があるが，その意味には実は大きな相違があるのではないかと考えられる。「協力」は，力を合わせるということから，意見や見解の相違を超えて一つの活動や仕事に「協調」的に取り組むというニュアンスがある。この言葉には，自らの個人としての意見や主張を極力抑えて，全体の進む方向に自らを合わせるという響きが強くある。それに対して，「協働」という語には，お互いが一人の主体として他と関わり合いながら，一つの仕事や活動を探究的かつ創造的に実践するという意味合いが含まれている。したがって，「協力」の場合には，全体によって決定された仕事や活動の達成に向けて，成員の一人ひとりが役割を分担し，相互の軋轢や摩擦を極力避けて協調的に取り組むことがよしとされる。それに対して，「協働」の場合には，仕事や活動の達成の過程で，よりよい成果を求めて，成員が相互に意見や主張を闘わせ，時には相互批判も辞さず，切磋琢磨の関係を相互に保ちながら，協働探究的かつ創造的に実践を展開するのである。

　カリキュラムの編成，教材研究，教材づくり，授業研究，学級経営，生活指導，学校のなかで教師によって取り組まれるありとあらゆる教育実践のすべて

が，こうした「協働」の関係によって繰り広げられなければならない。そうでなければ，教育実践は，上層によって決定されたことをただ上意下達的に実行させられるだけのものとなり，そのような実践は，教育を支配し，管理しようとする者たちの意図に添うようなものとはなり得ても，子どもたちの成長や発達に対して真に責任を負った実践とはなり得ない。教師たちには，民主的な教師集団として実践を展開する権利が保障されなければならない。

　教職をめざす学士課程在学の学生は，日々の自らの学びにおいて，学生同士が相互に関わり合いながら，切磋琢磨しつつ学習し，研究する機会をもたねばならない。教員養成課程の履修科目の中に，実施者である大学側が，こうした相互関係を履修者である学生が築ける場を設けるように配慮することはもちろんのことだが，学生が自主的に，たとえば模擬授業を行い，それを批評し合って授業の技量を高め合う機会や子どもたちに関わる活動をサークルとして組織し，自主的に運営し，展開する様な機会をつくることもまた大切になる。このような機会を通して協働探究的に実践に取り組む力量の形成が可能になる。

引用・参考文献

有吉英樹・長澤憲保編（2001）『教育実習の新たな展開』ミネルヴァ書房.
今津孝次郎（1996）『変動社会の教師教育』名古屋大学出版会.
小島弘道・北神正行・水元徳明・平井貴美代・安藤知子（2008）『教師の条件——授業と学校をつくる力　第3版』学文社.
小柳和喜雄（2011）「教員養成の質保証と関わる学部と大学院の連携教育に関する基礎調査研究」『日本教育工学会研究報告集』(2)：59-66.
竹内元「これからの教師教育と教育方法」山下政俊・湯浅恭正（2012）所収.
土屋基規（1984）『戦後教育と教員養成』新日本出版社.
長尾彰夫（2009）『批判的教育学と公教育の再生』明石書店.
長尾彰夫（2010）『政権交代期の教育改革』明治図書.
久田敏彦（1884）「教員養成と大学の教育実践」『大阪大学教育研究所報19』所収.
山下政俊・湯浅恭正編（2012）『新しい時代の教育方法』ミネルヴァ書房.

（山本順彦）

第 12 章

現職研修でめざす教師の専門性

　　　　本章では，大学あるいは大学院等での教員免許状取得課程を修了後，教育専門職となる現職教員が，どのように研修・研鑽を重ね，生涯を通じて「学び続ける教師」として成長していくのか，そのための研修制度のあり方を体系的に述べている。さらに，現代の学校教育における課題解決のために，責任あるより専門的な取り組みができるように，学校教職員構成の改革による組織そのものの専門性の向上を提言している。

1　現職研修のねらいと役割

1.1　地方公務員法，教育公務員特例法における現職研修の位置づけ

　一般公務員の現職研修に関する法的根拠は，『地方公務員法』第39条第1項「職員には，その勤務能率の発揮及び増進のために，研修を受ける機会が与えられなければならない」及び第2項「前項の研修は，任命権者が行うものとする」，第3項「地方公共団体は，研修の目標，研修に関する計画の指針となるべき事項その他研修に関する基本的な方針を定めるものとする」等によって与えられ，さらに教員の現職研修に関する法的根拠は，『教育公務員特例法』第21条第1項「教育公務員は，その職責を遂行するために，絶えず研究と修養に努めなければならない」，第2項「教育公務員の任命権者は，教育公務員の研修について，それに要する施設，研修を奨励するための方途その他研修に関する計画を樹立し，その実施に努めなければならない」，第22条第1項「教育公務員には，研修を受ける機会が与えられなければならない」，第2項「教員は，授業に支障のない限り，本属長の承認を受けて，勤務場所を離れて研修を受けることができる」等によって与えられている。

　このように，一般公務員，特に教育公務員である教員には，所与の職務に専

念するのみならず，絶えずその「勤務能率の発揮及び増進」のために，「研修」を受け，さらに「その職責を遂行するために，絶えず研究と修養に努める」ことが期待されているのである。

1.2　教育専門職のための現職研修
1.2.1　ILO・ユネスコ答申における教員の専門職性と研修のあり方・1960年代〜

　教員の教育専門職としてのあり方については，ILO・ユネスコによる『教員の地位に関する勧告』(1966年)において提起され，その第6条には，「教員の仕事は，専門職とみなされるべきである。この職業は厳しい，継続的な研究を経て獲得され，維持される専門的知識および技術を教員に要求する公的業務の一種である。また，責任をもたされた生徒の教育及び福祉に対して，個人的及び共同の責任感を要求するものである」とされ，各国がその将来社会を担う児童・生徒のために，有能で資格のある十分な数の教員を養成し，研修することを求めている。特に，現職研修については，同『勧告』第31条で「当局と教員は，教育の質と内容および教授技術を系統的に向上させていくことを企図する現職教育の重要性を認識しなければならない」とし，さらに第32条では，「当局は，教員団体と協議して，すべての教員が無料で利用できる広範な現職教育の制度の樹立を促進しなければならない」として，現職研修の機会の充実，拡大について積極的に提言している。

　また，同『勧告』第4条では，「教育の進歩は，一般に教育職員の資格と能力および個々の教員の人間的，教育学的，技術的資質に大いにかかっている」として，教育専門職としての教員の資質能力のあり方を重視するとともに，第5条では，「教員の地位は，教育の目的，目標に照らして決められてくる教育の必要性にみあったものでなければならない。教育の目的，目標を完全に実現する上で，教員の正当な地位および教育職に対する正当な社会的尊敬が，大きな重要性をもっている」として，教育専門職として尊敬と信頼を得られるような社会的な地位の確保が重要な原則であるとしている。

1.2.2 教育職員養成審議会答申等に見る現職研修の必要性・1980年代～

　日本における教員の養成・研修のあり方は，1980年代以降では，文部省教育職員養成審議会による「教員の資質能力の向上方策等について」(1987（昭和62）年答申）において，「いつの時代にも求められる資質能力」として提起された「教育者としての使命感」「人間の成長・発達についての深い理解」「幼児・児童・生徒に対する教育的愛情」「教科等に関する専門的知識」「広く豊かな教養」「これらを基盤とする優れた実践的指導力」を基本的な認識としながら，新たに「変化の激しい時代にあって，子どもたちに自ら学び自ら考える力や豊かな人間性などの『生きる力』を育成する教育を行う」ために，1997（平成9）年同審議会第1次答申において，「今後特に求められる資質能力」として提起された「地球的視野に立って行動するための資質能力」「変化の時代を生きる社会人に求められる資質能力」「教員の職務から必然的に求められる資質能力」を有する，社会的に特に高い人格・識見を求められるという教職観に基づいて構想されてきた。

　さらに，1999（平成11）年同審議会第3次答申では，中堅の現職研修に対して，「得意分野を持つ個性豊かな教員の必要性」という観点から，学校教育という組織的な教育実践活動において，多様な資質能力をもつ個性豊かな人材によって構成される教員組織が連携・協働しながら，現代学校を取り巻く複雑かつ困難な諸課題に対して，家庭や地域社会，専門機関等と緊密な協力の下で，機動的に的確に対応できるような，高度な専門的資質能力の形成が求められてきている。

　このことは，教員の資質能力を，教職経験を介して生涯にわたって変化し，成長可能なものとしてとらえ，1人1人の職能，専門分野，能力・適性，興味・関心等に応じて，日々の研鑽や教育実践の改善・工夫等を生かしながら，適切な研修の機会を任命権者が提供することによって，全教員に共通に求められる基礎的・基本的な資質能力を確保させるとともに，さらに積極的に各教員の得意分野の充実と個性の伸長を図ることで，組織的な学校教育実践をいっそう活性化し，学校の教育力の向上に資するものにしていこうとする考え方が出てきたためである。

1.2.3 中教審教員養成特別部会答申等に見る免許更新制度と現職研修のあり方・2000年代〜

2000（平成12）年教育改革国民会議最終報告において，学校教育を取り巻く諸課題の解決方策の一つとして，「教員免許更新制度の可能性の検討」が提唱され，2002（平成14）年中教審教員養成特別部会答申「今後の教員免許制度の在り方について」において，教員免許更新制度導入にあたっての制度設計の目的と制度運用の可能性を，「①教職への使命感，情熱を持ち，子どもたちとの信頼関係を築くことができる適格性の確保」及び「②教科指導，生徒指導等における専門性の向上」という観点から，より具体的に検討された。

2002（平成14）年の答申では，科学技術や社会の急激な変化，幼児・児童・生徒を取り巻く環境の変化に伴って，教育制度や教育の内容，方法，条件のより柔軟な改革が求められてきているが，こうした状況の下で，教員としての適格性の確保と専門性の向上が喫緊の課題として注目され，教員免許更新制の可能性が検討された。

1.3 教員免許更新制度の導入とその課題の検討

教員の適格性の確保については，(1)課程認定を受けた多様な特色をもつ大学・学部から開放制教員養成によって輩出された教員採用候補者から，任命権者である都道府県・指定都市教育委員会が採用を行う際に，学力試験及び面接試験等を中心に，優れた人材の確保に取り組んでいる（教育公務員特例法第13条）が，近年，特に人物評価重視の方向で，採用選考の改革を進めてきている。また，(2)教員の勤務に関する評価（勤務評定）制度は，国家公務員法第71条及び第72条，地方公務員法第40条等において定められ，教員に関しても勤務成績を評定し，人事管理の資料として活用されることになっている。加えて，(3) 2001（平成13）年には，一般行政公務員に対して，新たに「公務員制度改革大綱」が閣議決定され，能力等級制度の導入，能力・職責・業績を反映した新給与制度の導入，「能力評価」「業績評価」の導入などが掲げられるようになった。さらに，(4)現職教員の適格性確保のための制度は，○条件付採用制度（教育公務員特例法第13条２により，１年間を条件付採用の期間としている），○

懲戒制度（国家公務員法第82条，地方公務員法第29条により，公務員組織内の秩序維持のために一定の義務違反に対する責任追及と制裁を科するもの：法令違反，職務上の義務違反，職務怠慢，等），○分限制度（国家公務員法第78条及び第79条，地方公務員法第28条により，勤務実績が良好でない場合に，職員の意に反する身分上の変動（降任，免職，休職，降給）をもたらす），○他職種への転職制度（地方教育行政の組織及び運営に関する法律第47条2により，児童生徒への指導が不適切である県費負担教職員について，研修等必要な措置が講じられても，なお改善が認められない場合には，市町村立学校の教員を免職し，引き続き都道府県の教員以外の職に採用することができる）があるが，平成14年度の答申では，このような分限制度等は必ずしも十分に活用されていないと指摘された。

また，現職教員の専門性向上のための研修については，(1)教員は，生涯を通じてその専門的資質能力の伸長を図ることが期待され，その職責遂行のため絶えず研修に努めることが求められ，任命権者は計画的にその研修を実施しなければならない（教育公務員特例法第19条）とされている。(2)現職教員段階では，養成段階で修得した基礎的な資質能力を，職務と研修を通じていっそう伸長させていくことが求められている。(3) 1999（平成11）年の教育職員養成審議会第3次答申では，現職教員研修は，○入職後数年間の初任者段階，○学級担任，教科担任として相当の経験を積み，学級・学年運営，教科指導，生徒指導等により広い視野に立った力量が求められ，若年教員への助言や支援などに積極的な役割を果たす中堅教員段階，○学校運営に携わり，学校の説明責任に関する素養を期待される管理職段階に分けられ，より効果的な体系化された研修を求めている。

2002（平成14）年の答申では，教員免許更新制の導入可能性に関する検討は，その目的を，現職教員の適格性確保に置くのか，あるいは現職教員の専門性の向上に置くのかに焦点を絞って行われた。まず，教員免許更新制において教員としての適格性を評価し判断するには，免許状授与時点での適格性判断の仕組みの導入が不可欠であり，更新時のみに適格性を判断する制度は成り立たないという否定的見解が示され，むしろ分限制度をより厳格に適用し有効に活用す

べきであるとされた。他方，現職教員の専門性を向上させる制度としての可能性については，現職教員個々の課題や需要に対応していれば，現職教員の専門性の維持向上を図るための活性化策の一つとしてその有効性が期待されると肯定的意義づけがなされた。しかし，教員免許更新制度導入そのものについては，〇一般的な任期制を採っていない公務員制度（身分保障制度）全体との整合性，〇一般的な任期制を採っていない資格制度全体との整合性，〇免許更新制講習の対象を現職教員に限定できるかどうかの整合性とから慎重な対応が求められた。

　2006（平成18）年中央教育審議会答申「今後の教員養成・免許制度の在り方について」において，〇学部教員養成課程における教職実践演習の新設・必修化と，〇教職大学院の創設，〇教員免許更新制度の導入が提言された。特に，平成14年度答申で慎重な対応を要するとされ実施が見送られた教員免許更新制度の導入にあたっては，検討課題とされていた点について，他の現職教員研修のあり方や一般の資格制度，公務員制度のあり方等との間で一定の切り分けが行われ，整合性をもたせる形で調整された。まず，教員免許更新制度の目的については，科学技術や社会の急激な変化，学校教育を取り巻く環境の変化に対応し，学校教育に対する保護者，国民からの信頼感の向上をめざして，教員の資質能力を確実に保証するための方策として設けることとされた。また，資格制度としての教員免許状については，教職遂行のために個人が修得した資質能力を公証するものとして位置付け，個人の素質や性格等に起因する適格性を切り離すことにし，適格性の確保という課題は，基本的に任用制度によって対応すること（分限制度によって対応すべきもの）とされた。したがって，適格性や指導力を欠く教員については，人事管理制度や分限制度等をより厳格に運用することとされた。その結果，教員免許更新制度は，主として現職教員の専門性向上をめざす研修に重点を置くものとされた。教員の専門性向上は，基本的に教員自身の自己研鑽と現職研修によって図られるが，特に教員免許更新講習での研修は，教員として共通に求められる内容を中心に，その時々で教員として最小限必要な資質能力の保持を目的とするものとされた。そして，他の現職教員研修では，これらの基盤的な資質能力に基づいて，教員個々人の需要（能

力,適性,経験,課題,等)に応じて,より多様なかつ体系的な研修によって,その専門性の継続的な向上が期待されるものとなった。

2 現職研修のシステムと内容・方法

2.1 教職ライフステージに即した現職研修

　科学・技術や社会の急激な変化,学校教育を取り巻く環境の変化によって,未来に生きる児童・生徒を育む使命を担う教員もまた,生涯にわたって自己研鑽に取り組み,教職のライフステージに纏わる諸課題に対応した体系的な研修が必要となってくる。平成18年度答申では,教員免許更新制度の導入によって,生涯にわたり教員の資質能力を保証する制度的基盤が確立されたことから,今後は,教員個々の能力,適性,経験,課題等に応じた多様な研修を充実させるとともに,その体系化を図り,さらにその研修成果を適切に評価して,その後の指導や処遇等にも反映させるように求めている。具体的には,教育職員免許法に定められた法定研修とされる初任者研修,10年経験者研修(平成15年度以降)などの教職経験に応じた研修,教科指導や生徒指導等の専門研修,学校経営マネジメントなど職務に応じた管理職研修等がある。

2.2 体系化されつつある現職教員研修

　現職教員の研修は,1999(平成11)年教育職員養成審議会第3次答申において,教員の各ライフステージに応じた資質能力形成の必要性から,その研修のあり方に体系化の重要性が指摘されてきた。しかし,その研修の実施主体は,○国レベルでの研修(独立行政法人教員研修センターが実施),○任命権者の都道府県・政令指定都市レベルでの研修(都道府県教育委員会,都道府県立教員研修センター等が実施),○学校管理者レベルでの研修(市郡町村教育委員会,市郡町村教育センター等が実施),○学校レベルでの研修(幼稚園,小・中・高等学校,特別支援学校等が主として校内で実施),○教員個々人での研修などに分かれており,研修の目的や企画・運営もそれぞれに行われている。また,研修の内容については,図12-1に示すとおり,たいへん多岐にわたる

第12章　現職研修でめざす教師の専門性

| | 1年目 | 5年目 | 10年目 | 15年目 | 20年目 | 25年目 | 30年目 |

国レベルの研修
- 各地域で学校教育において中心的役割を担う校長・教頭等の教職員に対する学校管理職研修
  - 中堅教員研修
  - 校長・教頭等研修
  - 事務職員研修（小・中・高等学校）
  - 海外派遣研修（3ヶ月，6ヶ月）
- 喫緊の重要課題について，地方公共団体が行う研修等の講師や企画・立案等を行う指導者を養成する研修
  - 学校組織マネジメント
  - 国語力向上教育推進指導者養成研修

都道府県等教委レベルの研修
- 法定研修
  - 初任者研修
  - 10年経験者研修
- 教職経験に応じた研修
  - 5年経験者研修
  - 20年経験者研修
- 職能に応じた研修
  - 生徒指導主事研修
  - 新任教務主任研修
  - 新任教頭・校長研修
- 長期派遣研修
  - 民間企業等への長期派遣研修
- 専門的な知識・技術に関する研修
  - 教科指導，生徒指導，学級経営等に関する専門研修

市郡町村・学校レベルの研修
- 市郡町村教委，学校，教員個人の研修
  - 新しい教育課題への先進的実践のための研修
  - 地域の教育課題，特色ある教育実践のための研修
- 法定研修
  - 初任者研修
  - 10年経験者研修
  - 各学校独自の研究課題に取り組む研修

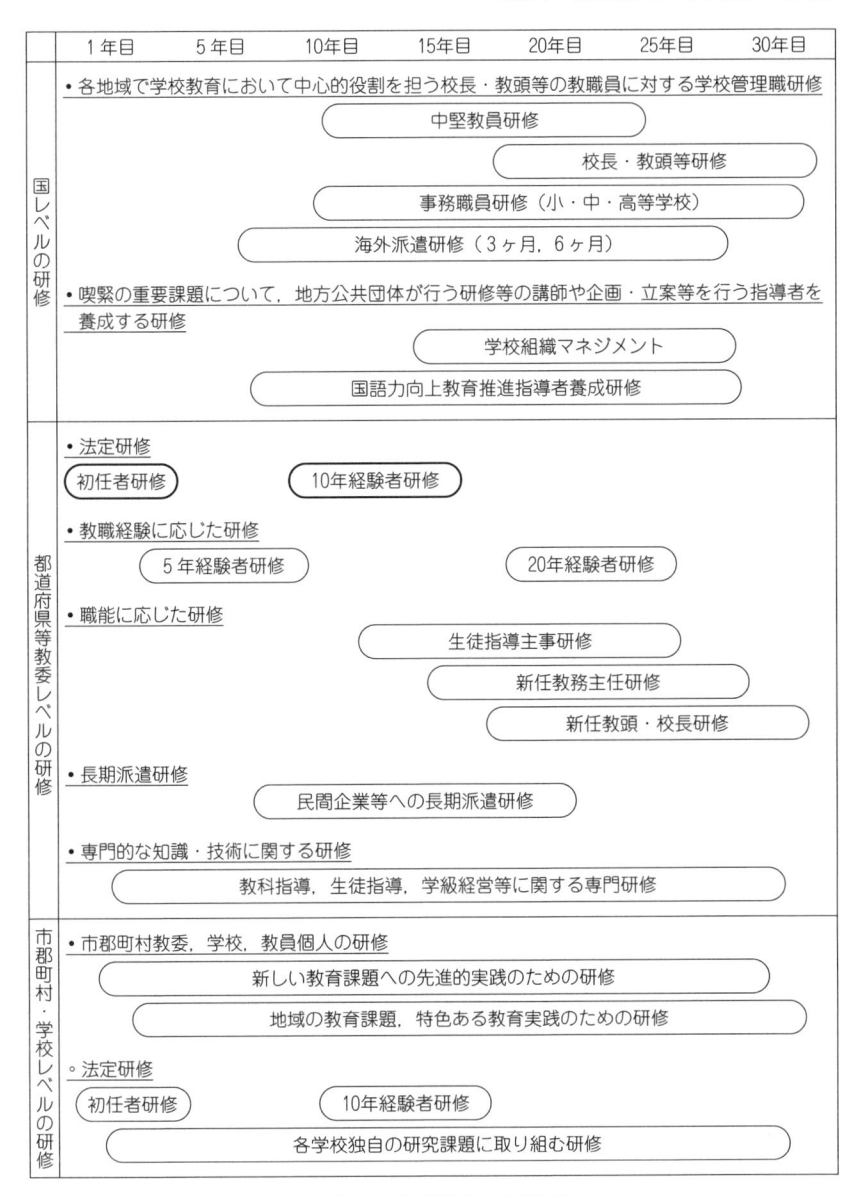

図12-1　教員研修の実施体系

出所：文部科学省「教員研修の実施体系」より。

研修が用意されているが，各実施主体相互の間の重複や調整の不足等が指摘され，必ずしも有効な成果に結びついていないものもあるとされてきた。さらに，近年では，学校現場において個々の教職員に課される課題が多岐にわたって増加し，勤務の多忙化や課題の高度化・複雑化で，ゆとりをもった主体的な研修が行えず，喫緊の課題に対する研修に追われ，研修に疲れるとの声が絶えない状況もあるようである。しかし，熟年層の大量退職時代＝若年層の大量採用時代を迎えて，教職員の計画的な研修と均衡の取れた人材配置を通して，学校は，組織としての教育実践力の維持・充実を図りながら，新たな課題に向けて柔軟な対応力をもった組織として機能することが求められている。そのために，2010（平成22）年には，文部科学省中央教育審議会に対して，文部科学大臣から「教職生活の全体を通じた教員の資質能力の総合的な向上方策について」が諮問され，教員の養成・採用・研修という教職のライフステージ全体を通じた養成・研修体制の見直しと免許状制度の見直しをも含めて抜本的な教員養成・研修モデル改革案の検討が求められた。その結果，2012（平成24）年の同審議会答申（「教職生活の全体を通じた教員の資質能力の総合的な向上方策について」（答申））では，21世紀に求められる高度で複雑な学校教育課題の解決に取り組むために，生涯にわたって「学び続ける教師像」を念頭に，○教員養成の改革（教員養成の修士レベル化，高度専門職業人化），○教員免許制度の改革（基礎免許状，一般免許状，専門免許状の創設），○教育委員会・学校と大学の連携・協働による高度化等が提言された。

3 生涯研修体系を展望した教員個々の専門性の形成

3.1 専門的な知識・技術と実践的指導力の基礎が求められる初任者段階の研修

　初任者の段階では，課程認定を受けた大学・学部の教職課程で修得した基礎的な，理論的知識や実践的指導力を基にして，教科指導，生徒指導，学級経営等に著しい支障を来たさずに実践できる資質能力の形成が期待されている。新規採用された教員に対する初任者研修制度（1988〔昭和63〕年）では，1年間，

指導教員の助言・援助の下に，教育者としての使命感や責任感，職務遂行にあたっての法規・法令等の教職に関する知識・理解，教科指導や生徒指導，学級経営等に関する実践的知見を学びながら，実際の学級や教科・科目を担当し実践的に研修することになっている（教育公務員特例法第23条）。初任者研修は，在任校での週10時間以上，年間300時間以上の校内研修と，都道府県立教員研修センター等での年間25日以上の校外研修とからなっており，校内研修では，熟達教員の示範授業を観察したり，自らの授業等を観察した熟達教員に指導，助言を得たりしながら，実践的に教科指導，生徒指導，学級経営等のあり方を学ぶとともに，校外研修では，教育行政・施策の重点目標や改善点等を講義・演習等で学んだり，社会奉仕体験や自然体験等に参加したり，企業や福祉施設等での体験に学んだりして教職一般についての視野をより広めるような研修を行っている。この段階は，教職に入職して，職務遂行のための自立した実践者として独り立ちするための基礎・基本となる専門的知見と実践的指導力を形成する時期である。また，憧れや希望を抱いて教職に就いた若年教員のなかで，困難な課題等に阻まれたり，自己有用感を挫かれたりして，その離職率が最も高く，教職継続に対する危機的状況に陥りやすいのが入職2年目～3年目の時期であるため，近年ではこれらの時期をも併せて初任者段階として位置付け，管理職教員を中心に，中堅教員等が親身になって関わり，若年教員の教職生活が課題を克服し自己有用感を高めながら順調に展開されていくように，助言，援助する態勢づくりとその努力がなされてきている。

3.2　学校教育実践の改革を率先して担う中堅教員段階の研修

　学級担任，教科担任として10年～20年の豊かな経験をもち，学校現場における中心的な役割を担い，責任ある立場で教育実践の企画，実践，評価，改善の推進役として期待されるのが，中堅教員である。この中堅教員には，現代的な高度で複雑な課題に対して，より適切な対応ができるように，学級経営，学年経営，教科指導，生徒指導等のあり方に，より広い視野をもち，新しい科学・技術，芸術，文化の知見や先進的な実践研究の成果等に学びながら，さらにミドル・リーダーとして担当校務分掌の実務的な取りまとめ等を行ったり，メン

ターとして同僚,若年教員に対して助言・援助といった指導的役割を果たしたりする資質能力が必要とされている。したがって,この時期には,学年主任や生徒指導主任など,学校経営に関与する重要な役割を担いながら,よりいっそう教職に関する深い専門知識や広範な教養を修得し,信頼される人間関係を構築し,豊かな人間性を発揮することが求められてくる。研修にあたっては,教科指導,生徒指導,学級経営・学年経営,新たな課題解決(国際化,情報化,防犯・安全,新教育課程等への対応,特別支援教育,キャリア教育,防災教育,食育,健康教育,消費者教育,不登校支援等への取り組みなど)への理論的・実践的な知見の修得と事例研究等による実践的応用力の形成をめざしている。しかし,近年,中堅教員世代の人員不足から,こうしたミドル・リーダーやメンターとして,将来の管理職として重要な役割を果たす中堅教員を十分に確保・配置できていなかったり,それゆえにまた少数の中堅教員にきわめて大きな負担がかかったり,多忙化に拍車をかけているという学校組織の脆弱性が深刻な課題となってきている。

3.3 学校教育実践改革の展望に基づき主体的に参画する熟達教員段階の研修

豊かな教職経験を積んできた中堅教員世代から,やがて教科指導や生徒指導,特別支援教育等に重点化して専門性を深化させた得意分野を有する教員になることや,学年経営や各校務分掌の総括的な経営等に取り組む将来の学校管理職として,教育行政・施策,法規・法令,学校組織マネジメント,危機管理等に関する研鑽を求められるのが熟達教員である。得意分野等を有する教員には,教科指導や生徒指導,特別支援教育等において,自校内の同僚,若手教員のみならず,地域他校の教員に対しても,助言や援助を行うなど指導的役割を果たす高い専門性を有するスペシャリストとしての教員をめざす研修が行われる。また,学校管理職をめざす教員には,スクール・リーダーとして,地域や児童・生徒の実態を踏まえて創意工夫を凝らした教育活動を展開するために,教育に関する理念・目的や識見を有し,地域や児童・生徒の実態,学校を取り巻く状況や課題を的確に把握しながら,学校教育の目標を定め,その目標達成に向けた教職員の意欲と実践力を引き出すリーダーシップを得る研修が行われる。

また，教頭，校長に就任後には，地域代表や関係機関等との連携・折衝を適切に行い，環境改善を図りながら組織的・機動的な学校運営ができるように，信頼できる人間関係構築の資質・能力や学校経営に関する課題解決，企画・立案，実施，評価，改善の取り組みが組織的・計画的に遂行できる資質・能力の形成が研修の目標となってくる。学校経営のあり方も，中央集権的な画一化された教育行政・施策を実施するという性格から，各地域，各学校を取り巻く状況に即して，校長・教頭が主体的に目標を設定し，積極的に課題解決に取り組むとともに，説明責任を明確化した「開かれた学校づくり」といった地域密着型の取り組みを通して，地域社会の人々や保護者等との連携・協力を推進していくという性格に変化し，学校管理職の資質・能力のあり方が，いっそう重要な研修課題となってきている。平成18年度答申以降，新たに開設された教職大学院での研修や，都道府県教育委員会と大学との連携・協力による研修講座の開設等，優秀な学校管理職を養成する取り組みが急がれてきている。

4 現代学校教育改革で求められる組織としての専門性の向上

4.1 学校教育に関わる困難な課題への組織的対応の必要性

学校教育に関わる課題は，1980年代頃からの急激な社会変化，価値観や生活様式の変化，地域社会や家庭での課題解決力や教育力の衰弱化，児童・生徒の家庭環境等の複雑化，貧富格差の拡大などによって，たいへん多様化，複雑化し，きわめて深刻化してきた。

したがって，こうした諸課題への教員個々による個別的な対応はきわめて困難となり，学校全体の組織的な，連携・協力し合った対応を余儀なくされてきた。また，説明責任の明確化や危機管理の責任追及等が拍車をかけ，特に初等教育や中等教育の学校は，高等教育の学校に比べ，地域社会や家庭の実態，保護者の考え方や要求，環境の変化等から，より強い影響を直接的に受けることとなり，○地域社会や家庭の教育力の衰弱化，○学校教育への信頼感と協力・支援意識の崩壊，○学校で獲得した学習成果としての情報・知識，技術等の社会的価値や有用性の低下等が，初等教育・中等教育の成立に大きな困難を突き

第4部　高等教育・現場教育における取り組みのパースペクティブ

保護者や地域社会から学校への諸要求
―あらゆる諸要求が学級担任や管理職に直接持ち込まれる形態―

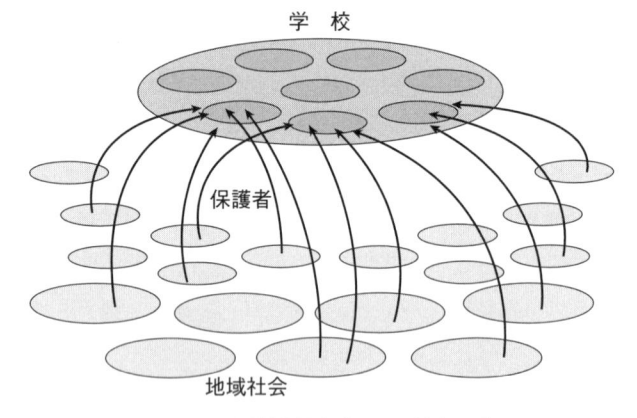

学　校

保護者

地域社会

図 12-2　同種分担方式による対応モデル

つけてきた。とりわけ，義務教育学校においては，同じ普通教員免許状を有する教員が，校長，教頭を中心に，養護及び給食関係を除く，ほぼすべての校務を順繰に交替しながらなどして分担し合う（同種分担型組織）ため，地域社会や家庭から寄せられる深刻な課題や複雑・多様な要求に懸命には対応するが，必ずしも高い専門性に裏付けられた的確な判断，行為選択等ができず，十分な信頼感が得られないために，かえって課題解決等への対応に忙殺され，その結果，知的興味・関心を喚起し，意欲的・主体的に学ばせる授業の成立と児童・生徒一人一人の豊かな人間性の育成という，教員本来の任務に集中的に費やする時間や労力，精神的・肉体的な余裕を失ってしまうようにもなってきた。

　急激な社会変化，地域社会や家庭での課題解決力や教育力の衰弱化，連携・協力関係の希薄化等によって，現代では，学校教員は，職務として，学習指導，生徒指導，学級経営・学年経営等に加えて，多岐にわたる諸課題への対応（国際化，情報化，防犯・安全，新教育課程等への対応，特別支援教育，キャリア教育，防災教育，食育，健康教育，消費者教育，不登校支援，虐待児等の発見・通報等への取り組み，等）が求められるようになり，教員個々への過剰な負担が学校の組織としての課題解決力や柔軟性，即応性を脆弱化させてきた。

　1970年代頃からすでに深刻な課題を抱え，厳しく学校改革を迫られてきた米

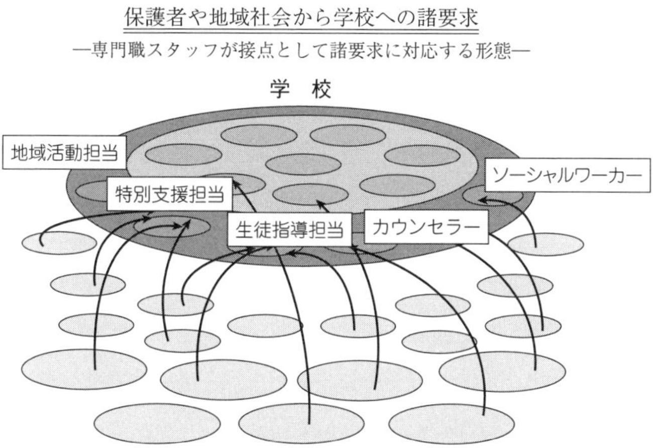

第12章 現職研修でめざす教師の専門性

保護者や地域社会から学校への諸要求
―専門職スタッフが接点として諸要求に対応する形態―

学　校

地域活動担当
特別支援担当
生徒指導担当
カウンセラー
ソーシャルワーカー

図12-3　異種協働方式による対応モデル

国では，早くから，学校経営にあたる校長及び副校長，学習指導を専門とする一般教員等に加えて，生徒指導・生活指導，教育相談，カウンセリング，特別支援，読書指導，学校司書，情報メディア支援，ESL指導，地域コーディネート，ソーシャルワーク，校内警備等の専門職員が，個々の児童・生徒の課題や需要，地域や家庭の特性に即して柔軟に配置され，こうした多様な教職員が連携・協力し合いながら，その専門性を生かして校務の遂行にあたってきた（異種協働型組織）ため，一般教員は，日本に比べ，学習指導等に専念できる体制が構築され，各専門職毎の各種研修もより充実し，高度化されてきた。

今後，こうした急激な社会変化と迫り来る諸課題に対して，日本の学校でも，米国での学校教職員構成改革の成果を生かしながら，大きな転換を図っていくことが求められると考えられる。もちろん，各専門職同士の間で，情報共有や協力・支援のあり方に壁ができたり，個々の専門分化が蛸壺化や孤立化を促してはならないが，こうした学校教職員構成改革の将来展望のなかで，新しい教職員のより専門的な資質能力向上が検討され，数十年間にわたって，少しずつ計画的・体系的に改革を推進することが必要である。

4.2 新しい学校教職員構成と教員の職能成長及び職種分化

　米国の学校教職員構成のように，日本の学校教職員構成が異種協働型に転換していくには，今後，数十年の長い時間と大きな努力が必要とされるであろう。しかし，社会が高度に多様化し，学校教育に対する社会的な諸要求の複雑化がいっそう進行すれば，より専門的で，きめ細かな対応とその明確な責任の所在が問われてくる。したがって，各学校には，厚い信頼感に裏付けられたより高度な専門性と柔軟性とを備えた組織としての対応能力の充実が求められることになる。しかし，その際，個々の教員に対して，あらゆる課題への高度に専門的な配慮を伴う適切な対応が可能な資質能力を保障するように研修し，各学校に配置することは，そのための膨大な研修関連経費の確保という点においても，個々の教員に課される研修関連の負担や労力，時間確保という点においても不可能に近いものである。したがって，むしろ，多様な高度に専門性を有する教職員を各課題に対応した形で多数採用し，各地域・各学校の教育需要に即して適材を適所に配置する方が，より機動的で有効な対応を可能にし，合理的，経済的であるのみでなく，教職員への過負担を回避しながら，学校教職員構成改革として実現しやすいと考えられる。こうした点から，異種協働型の学校教職員構成を構築し，それぞれ高度な専門性を有する教職員の連携・協力体制を実現するような方向での研修が，今後は必要であると考えられる。

　ところで，この新しい学校教職員構成を担う専門職員をその養成課程から区分すると，①教員養成課程を経た一般教員が研修と実務等によって職能成長し専門化していく職種，②他の専門職養成課程を経てあるいは経る過程で，一般教員と共通する所定の科目等を履修し，教員資格をも有する職種，③他の専門職養成課程等を経ているが，一般教員と共通する所定科目等は履修せず，教員資格を有さない職種等からなると考えられる。まず，①一般教員が研修と実務等によって職能成長し専門化する職種としては，校長，教頭，生徒指導・生活指導，教育相談，カリキュラム開発，各教科・領域専門指導，特別支援，学校司書等が挙げられる。こうした一般教員の専門職化は，30歳代から研修等によって徐々に進められていく。そのための専門職化への研修は，現職教員のための大学院教育や関係学会，都道府県教育委員会等の主催による専門資格認定講

業務内容の専門分化に伴う専門職化への教職員成長過程
—異種協働方式での学校経営体制の樹立—

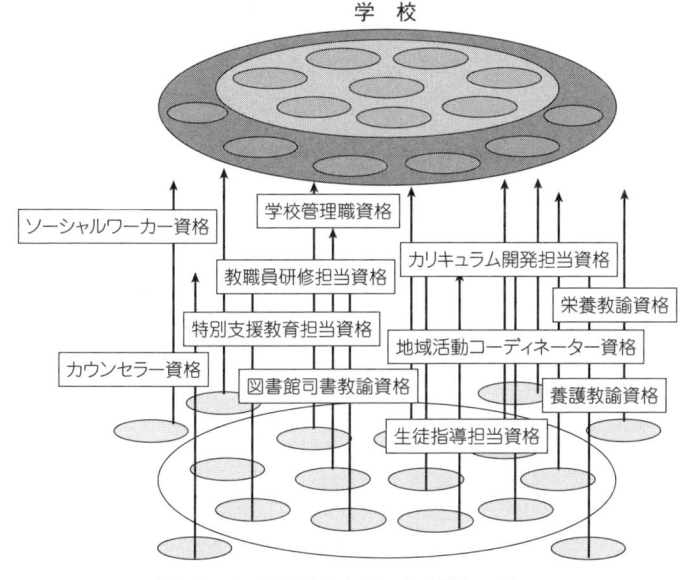

図12-4 異種協働方式による対応モデル

習等によって実施する体制がとられる。また，②他の専門職養成課程を経てあるいは経る過程で，一般教員と共通する所定の科目等を履修し，教員資格をも有する職種としては，養護教諭，栄養教諭等が挙げられる。養成課程を異にするが，研修では専門分野研修と教育実践分野の研修とが行われる。さらに，③他の専門職養成課程等を経ているが，教員資格を有さない職種としては，情報メディア支援，ソーシャルワーク，カウンセリング，校内警備等が挙げられる。これらの職種は，主に各専門分野の研修が中心となる。こうした点から，一般教員の研修等を考える場合，この①タイプに関連する職種を中心に，教員のライフステージに即した研修と実務経験を体系的に準備することが，今後，関係諸機関にとって重要な課題である。

4.3 新しい教員研修に求められる条件

このような新しい学校教職員構成に転換していくにつれ，一般教員に求めら

れる重要な資質能力は,まず,①学校内外の専門職,特に学校内専門職との情報共有と連携・協力による職務遂行能力である。各々の専門職の専門性とその果たす役割,可能性と限界とを十分に理解し合いながら,共有できる情報,考え方に基づき,チームとして相互に支援し協力し合いながら課題解決していく資質能力が求められる。具体的には,〇相互の専門性を理解し合う基礎的な知識・理解,〇相互の意志疎通を図るコミュニケーション能力,〇自らの立場や考え方を論理的に組み立て,説得し合える対応能力・合意形成能力,〇教育目標等を理解しながら多様な連携・協力態勢を構築して活動ができる協働能力が求められる。また,②新しい学校教職員構成においては,従来,一般教員に求められてきたような,教員一人ひとりにすべての課題に適切に対応し得る資質能力が求められるのではなく,各職務の専門分化を活かしたより効果的で適切に対応できる資質能力が求められるようになる。したがって,一般教員には,むしろ本来の任務である学習指導等に専念しながら,それらに関する諸課題を主体的に解決し,より充実した成果を上げることが期待されるようになってくる。そうしたことから,児童・生徒の学習活動等に関する教育的指導の専門職として,より充実した高度な専門的な知識・理解と実践的指導力が求められてくる。

引用・参考文献

文部科学省「教員研修の実施体系」
 http://www.mext.go.jp/a_menu/shotou/kenshu/1244827.htm
1966年9月21日―10月5日ユネスコにおける特別政府間会議「ILO・ユネスコ　教員の地位に関する勧告」　http://www6.ocn.ne.jp/~kitanisi/data01/status.html
平成9年7月教育職員養成審議会第一次答申「新たな時代に向けた教員養成の改善方策について」　http://www.mext.go.jp/b_menu/shingi/12/yousei/toushin/1315369.htm
平成11年12月教育職員養成審議会第三次答申「養成と採用・研修との連携の円滑化について」　http://www.mext.go.jp/b_menu/shingi/12/yousei/toushin/1315385.htm
平成14年2月中央教育審議会答申「今後の教員免許制度の在り方について」
 http://www.mext.go.jp/b_menu/shingi/chukyo/chukyo0/toushin/020202.htm

平成18年7月中央教育審議会答申「今後の教員養成・免許制度の在り方について」
　　http://www.mext.go.jp/b_menu/shingi/chukyo/chukyo0/toushin/06071910.htm
平成24年8月中央教育審議会答申「教職生活の全体を通じた教員の資質能力の総合的な向上方策について」
　　http://www.mext.go.jp/b_menu/shingi/chukyo/chukyo0/toushin/1325092.htm
長澤憲保（2005）「迫られる学校教職員構成の改革と新しい教員の資質能力——実践的指導資質能力基準を鍵概念として」『兵庫教育大学研究紀要』27：193-200.

　　　　　　　　　　　　　　　　　　　　　　　　　　　　（長澤憲保）

あとがき

　本書は，上野さんの研究のスタートになった広島大学・教育方法学研究室で学び，現在，関西で職を得ている仲間によって編集・出版したものである。
　上野さんとは1970代の半ばに私が教育方法学研究室に進んで4年間をともに過ごした。当時の教育方法学分野では，時代の影響を受けて，「学力の構造」「おちこぼれ」「学力保障」「わかる授業」といった課題が大きく問われていた。上野さんは一貫して幼児教育論を追究されたが，当時は「就学成熟・就学能力」を研究課題に掲げて取り組まれていた。ドイツにおける「就学能力」論の文献にあたり，そこから幼児教育に提起するものを探し求めておられた姿を思い出す。
　先に示した当時の教育方法学のテーマ群からすると，「就学能力」論は，学齢期に至るまでにどれだけの能力を形成するのかを就学前教育の課題として解明するものだと考えられた。しかし，上野さんは，こうした議論ではなく，子どもの人格発達を視野に入れて，幼児期の指導論を構築しようとされていた。乳幼児期という「原初的発達」のなかに，人間の発達とそれを促す指導の原点を見ようとした姿勢は，この時代からいつも上野さんの研究のモチーフになっていたと思われる。晩年までドイツの研究者との交流を大切にされて，保育実践の知のあり方を探究された。
　こうした視点に立ち，教育方法学研究室の仲間とともに『幼児教育の構造』（高文堂出版社，1986）を共著としてまとめられ，それは教育方法学からの幼児教育論への貴重な提起となった。そして，「幼小の接続」「小学校の低学年カリキュラム」論を問い続けられた原点が，大学院時代にあったことを示している。
　大学院を終えられた後は，山口大学教育学部・奈良教育大学の教育・研究生活を通して，『幼児教育の原理――まなざしの保育実践』（高文堂出版社，1990），『発達の「場」をつくる――まなざしで向かい合う保育』（高文堂出版社，1993）を著され，子どもに向かう保育者のスタンスを軸にした保育論を世に問われた。

そこには，大学院時代からの研究視点を大切にし，それを発展させようとされてきた上野さんの足跡を見ることができる。晩年の「実践研究とカリキュラム作成の往還——『保育カリキュラム試案』（福山市・福山保育連盟）の場合」（『奈良教育大学紀要』第56巻第1号，2007）では，保育実践・カリキュラムの構想に視点を置いた成果を示されたが，そこでも，保育の場をどうとらえるのかなど，保育実践の知のパラダイムを問い続ける視点が貫かれていた。

　1970年代の教育方法学研究室は，吉本均先生のもとで「学習集団の授業づくり」を中心的な課題として取り組み，理論研究とともに，協力校に出かけての授業研究を精力的に進めていた。中国地方はもとより，九州・四国・関西など，各地に授業研究の運動とでもいえる流れを創り出していった。吉本研究室では，こうした実践の資料を持ち帰り，理論化のためのゼミが徹底して行われた。

　上野さんは大学院生のなかでもこの授業研究をリードし，また実践の現場からも上野さんからの提起は貴重なものとして受けとめられ，厚く信頼されていた。中学校での教科指導の分析においても，教科の枠組みに囚われるのではなく，子どもたちの発達や自立の視点を大切にし，発達促進に介入する教師の指導（教授行為）の生産性を強調されていた。教育的指導は，子どもの側に届いてこそ成立するものだが，上野さんは特にこの点に注意を払い，教師の教授行為と子どもの世界との接点に授業成立の論点を探究されていた。それは授業の分析・検討会においても，啓蒙主義的な研究者のコメントではなく，授業づくりを担っておられる先生方の思いに寄り添い，理論との接点を探して発言されていたことにもよく示されている。

　こうした学校での授業研究が土台にあるからこそ，先に指摘した「幼小の接続」という課題に迫ることができたのだと思われる。教育方法学の研究分野も，この間，分化の傾向が著しく，いくつもの関連学会が設立され，専門化してきた。それだけに狭い専門研究に囚われるのではなく，上野さんが示したような原則として大切にすべき教育方法学の知とは何かを常に確かめながら，これからの学問の方向を見据える姿勢が必要であろう。

　私は，この間，教育方法学の立場から主に特別支援教育分野の仕事に関与してきたが，「初期発達」という点では保育の領域と同じ思考を求められている。

あとがき

　今にして思えば，大学院生の頃から，上野さんの思考形式に直接・間接に学んできたような気がしている。それが今の私の特別支援教育の授業づくりや学級づくり論・専門性を探究する土台にもなっているように思う。当時，香川大学にいた私は，上野さんたち関西の研究仲間との交流を継続したが，そこでも研究上の多くの示唆をいただいた。

　2009年の3月に大阪で開かれた日本教育方法学会の第13回研究集会「巨大都市下の教育方法学の課題」で私は上野さんとともに司会を勤めた。議論された都市下の子どもたちの困難さや願いに寄り添い，その具体に学びつつどう論理を構成するのか，理論と実践との対話の必要性を討論の「まとめ」として提起されていた。大学院生の頃と変わらないなあーと感心し，改めてその姿勢の大切さを学んだ。

　「また次の年の奈良のお水とりの季節にでも合いましょうね」と梅田で約束したのが最後になってしまった。大阪に職を移して，これからもまたさらに交流をと思っていただけに，無念である。上野さんの教育方法学の理論と教育実践に向かうまなざしをいくらかでも引き継ぎながら，これからの仕事に就きたいと思う。

（湯浅恭正）

　教育（保育）実践を対象にした教育方法学にとって特に避けて通れないのは，理論と実践の関係をどうとらえるのかという問いである。とはいえ，それは，両者の関係を机の上で思弁的に考えるということにとどまらない。教育方法学にとっては，みずからの身を投じてそれを追求することが何よりも問われるからである。上野さんが本書所収の遺稿の冒頭で「片手に辞書，片手にテレコ」という，私たちが集った吉本研究室での合言葉をあえて紹介しているのは，そうした問題意識のためである。

　上野さんと私たちは，大学院時代においても，そして上野さんが山口大学から奈良教育大学に転勤してからはずっと，共同研究のなかでこの合言葉をいつも大切にしてきた。だから，私たちは，極力実践現場に我が身をおきつづけるよう心がけてきたのである。

一つのエピソードを紹介してみたい。私が兵庫県の宍粟郡（現宍粟市）のある中学校に授業研究に出向いたときのことである。定宿にしている旅館で前泊し，朝食会場に入って朝食をとっている人々を何気なく眺めていると，そこに上野さんが鎮座していた。声をかけると，上野さんも「やあ，やあ」と明るく応答しながらも吃驚したようだった。実は彼女も同市の小学校での授業研究のために宿泊していたとのことであった。お互いの事情がわかって，すこぶる愉快であった。だが，こうした経験は一回では済まなかった。たとえば，姫路駅で帰りがけにばったり出くわすというようなこともあった。そのときは上野さんにとっては保育者たちとの共同研究のためのようであった。そして，そうした帰途のさいには必ず大阪で懇親会を開き，ときには終電を逃しても延々と議論したものである。テーマは，いわずもがな，理論と実践の関係である。そのなかで互いに確認したのは，「実践現場に出ればよいというものではない。しかし現場に出なくてよいということでもない」であった。問題は，どのように出るかであった。それほどに，理論-実践関係への問いは，不可避ではあるが，私たちを悩ませる大変な難問だったのである。

　理論を一方的に実践に押しつけるなどは論外としても，自らの理論を補完するために都合のよい実践をきりとってはめ込むことが理論-実践関係だというわけにはいかない。逆に，実践を無条件に肯定してそれにあたかも拝跪するかのように意味づければことが足りるというわけでもない。なぜなら，そこでは，理論と実践のいずれもが，あるいはいずれかが不変的な実体として措定されているからである。そうではなく，理論は自らの内に実践性を胚胎させながら新たに構築され，実践は自らの内にもつ理論的基礎を修正しながら新たに展開されるという契機をつくりだすところに，身を投じて理論-実践関係を構築する本旨がある。さしあたっては，両者の関係をこうとらえることができるのではないだろうか。理論フレームをもって実践を検討するのは当然にしても，そのさいに実践者から逆に反論されることがしばしばあるが，そのときにある種の重たい心地よさを感ずることができるのは，そのためである。いまとなっては現実には不可能となったが，こうした点をさらに上野さんと実践事実を媒介にしてより具体的にそしてより細部にわたって議論してみたかったという思いが

つのるのである。

　だが，理論は実践とともにあるが，同時にすべて実践だけから生ずるわけではない。研究者にとっていまひとつ問われるのは，実践に学んで修正・変更されるに値する理論フレームをどう構築するかもある。上野さんは，そのために，他方でドイツの教育学理論を丹念に学んでいた。文部省在外研究員としてドイツのチュービンゲン大学のプランゲ教授を選んでそこで研究したのはその証左であろう。在外研究の前から彼女は「教育哲学をもっと学んでみたい」と何人かに漏らし，帰国後はいっそうドイツ教育学を人知れず丹念に読んでいたのである。まさに「片手に辞書」である。その成果は，端々にあらわれてはいるが，まとまったものとしては公刊されておらず，道半ばであったように思われる。しかし，その姿勢は，共に関西で研究してきた後続する者に共有されているのである。

　本書は，教師論を取り上げて，若干の問題提起を含んだテキストとして編集したものである。同時に各テーマにそった論稿では，このように上野さんが，そして私たちが求めてきた理論－実践関係が大なり小なり通奏低音となっている。どれほどにその通奏低音が聞こえるか，あるいはどれほどに問題提起になっているかは，読者の判断に委ねざるをえない。忌憚のないご意見をお寄せいただければ幸いである。

　末筆になってしまったが，出版事情が厳しいなか，本書の出版をお引き受けいただいたミネルヴァ書房，大変に丁寧な字句等の統一と校正の労をお取りいただいた浅井久仁人氏ならびに編集部の皆様に記して感謝申し上げる次第である。

　　　　　　　　　　　　　　　　　　　　　　　　　　　（久田敏彦）

索　引（＊は人名）

A-Z

ACT21S　*30, 60*
Educational Testing Service　*49*
ICF　*155*
INTASC　*23*
NBPTS　*23*
NCATE　*22*
PISA　*47, 105*
Standard base　*26*
TEAC　*23*
TPCK　*62*

ア　行

アクションリサーチ　*8*
あそび　*129*
遊び文化　*163*
新しい学力観　*71*
異種協働型組織　*205, 206*
インクルーシブ教育　*167*
　──論　*168*
インストラクショナル・デザイン　*56*
＊ウィギンズ（Wiggins, G. P.）　*109*
＊ヴィゴツキー（Выготский, Л. С.）　*117*
＊オコン（Okon, W.）　*3*

カ　行

学習科学　*57*
学習指導要領　*71, 73*
学習集団づくり　*72*
学士力　*9*
学級経営　*185*
学級地図　*99*
学校教職員構成　*206, 207*
学校教職員構成改革　*205*
活用力　*71, 73*
カリキュラム　*54*
カリキュラム・マネジメント　*49*

カリキュラム・リーダーシップ　*49*
カンファレンス　*38-40*
管理職研修　*198*
毅然とした対応　*88, 89, 91*
基礎教養　*177*
教育公務員特例法　*192, 195*
教育職員養成審議会（答申）　*194*
教育専門職としての教員　*193*
教育的愛情　*184*
教育的タクト　*189*
「教員の地位に関する勧告」（ILO・ユネスコ）　*193*
教員免許更新制度　*195, 197*
教員養成の高度化　*12*
教材研究　*78*
教授行為　*75*
教職生活の全体を通じた教員の資質能力の総合的な向上方策　*15*
教職大学院　*4-7*
協働　*190*
「協働」の能力　*181*
共同決定　*145*
共有課題　*100, 101*
協力　*190*
グランデッド・セオリー・アプローチ　*41*
訓育　*72*
ケア　*95, 96, 97, 98*
傾聴力　*133*
ケーススタディ　*8*
現職研修　*198*
現職研修に関する法的根拠　*192*
高度専門職業人　*4*
交流教育　*169*
個人差　*167*
個人指導と集団指導の統一的展開　*91*
国家公務員法　*195*
子ども理解　*185*
個別の指導計画　*154*

コミュニケーション　74-75
　──能力　181
ゴール・フリー評価　115

　　　　　　サ　行

差異　167
作業学習　154
自己形成視　158
自己責任　87
　──論　92, 93
自制心　158
自治　101, 145, 150
実践的指導力　194, 200, 208
実践をふりかえる力　127
実務家教員　3
児童福祉法　139, 140
市民性　178
使命感や責任感　184
社会性と対人関係能力　185
習熟度別授業　73
集団指導　129
10年経験者研修　198
授業研究　2
授業批判　83
授業力　67-69
小学校教育との接続　130
省察的実践者　81-82
＊城丸章夫　91, 92
初任者研修　198
初任者研修制度　200
＊ショーン（Schön, D.）　81-82
自立活動　155
真正の評価　109
人的環境（ヒト環境）　126
＊スクリヴァン（Scriven, M. S）　115
スクールリーダー　5, 202
スタンダーズ　183
＊スティギンズ（Stiggins, R.）　114
スペシャリスト　202
生活　90, 92, 93, 138, 141, 145, 150
生活単元学習　161
ゼロ・トレランス　169

ゼロ・トレランス方式　88, 89, 91
全国学力・学習状況調査　105
専門性向上　196, 197
専門的資本　48
総合的な学習の時間　163
相対評価　106

　　　　　　タ　行

大学設置審議会　6
ダイナミック・アセスメント　117
ダンピング　172
地方公務員法　192, 195
中央教育審議会　200
中央教育審議会（中教審）答申　4, 197
中央教育審議会教員養成特別部会（答申）　195
直接的な体験　124
伝える力　135
ティーチ（TEACCH）プログラム　155
適応能力　178
適格性確保　195
＊デューイ（Dewey, J.）　187
問いと対話　77
統一と分化　166
動機づけ　128
同種分担型組織　204
導入　128
陶冶　72
特別支援コーディネーター　170
ともに考える力　136
取り出し学習　163

　　　　　　ナ　行

投げ込み教材　3
ナラティヴ　41
　──的探究　41-44
日本教育方法学会　3

　　　　　　ハ　行

発達の最近接領域　117
発達の特性に応じた指導　124
発達保障　93

——論　*158*
　発問　*76*
＊ハーバマス（Habermas, J.）　*75*
　パフォーマンス評価　*110*
　反省的思考　*187*
　開かれた学校づくり　*203*
　フィンランド　*10, 47*
　物的環境（モノ環境）　*126*
　フューチャー・スクール・プロジェクト　*63*
　プロジェクトによる学習　*58*
＊ヘルバルト（Herbart, J. F.）　*189*
　保護者との信頼関係　*132*
　ポートフォリオ　*8*
　ポートフォリオ評価　*111*
＊ボルノー（Bollnow, O. F.）　*77*
　ボローニャ・プロセス　*18*

　　　　　マ　行

　学びのイノベーション　*63*
　学びの共同性　*77-78*
　学びの方法・活動　*79*

　水増しカリキュラム　*153*
　ミドル・リーダー　*201*
　民間教育研究団体　*3, 70, 72*
　免許制度改革　*15*
　メンター　*201*
　目標に準拠した評価　*107*
　問題解決型の学び　*7*
　問題解決能力の形成　*186*

　　　　　ヤ　行

　ユニバーサルな授業論　*168*
　幼稚園教育要領　*123*
　幼児児童生徒理解　*185*

　　　　　ラ　行

　ライフストーリー研究　*41*
　ラーニングコモンズ　*28*
　領域　*125*
　領域・教科を合わせた指導　*161*

219

執筆者紹介（執筆順，執筆担当，＊は編著者）

上野ひろ美（うえの・ひろみ，元奈良教育大学）　第1章

＊小柳和喜雄（おやなぎ・わきお，奈良教育大学）　第2章・第4章

影浦 紀子（かげうら・のりこ，園田学園女子大学）　第3章

＊久田 敏彦（ひさだ・としひこ，大阪青山大学）　第5章

福田 敦志（ふくだ・あつし，大阪教育大学）　第6章・第9章

平田 知美（ひらた・ともみ，和歌山大学）　第7章

長瀬 美子（ながせ・よしこ，大阪大谷大学）　第8章

＊湯浅 恭正（ゆあさ・たかまさ，中部大学）　第10章

山本 順彦（やまもと・よりひこ，帝塚山大学）　第11章

長澤 憲保（ながさわ・のりやす，兵庫教育大学）　第12章

新教師論
――学校の現代的課題に挑む教師力とは何か――

| 2014年2月10日 | 初版第1刷発行 | 〈検印省略〉 |
| 2017年3月31日 | 初版第2刷発行 | |

定価はカバーに
表示しています

編著者	小柳 和喜雄
	久田 敏彦
	湯浅 恭正
発行者	杉田 啓三
印刷者	中村 勝弘

発行所 株式会社 ミネルヴァ書房
607-8494 京都市山科区日ノ岡堤谷町1
電話代表 (075)581-5191
振替口座 01020-0-8076

© 小柳・久田・湯浅ほか, 2014　　中村印刷・藤沢製本

ISBN978-4-623-06730-5
Printed in Japan

教職をめざす人のための 教育用語・法規
広岡義之 編　四六判　312頁　本体2000円

●194の人名と，最新の教育時事用語もふくめた合計863の項目をコンパクトにわかりやすく解説。教員採用試験に頻出の法令など，役立つ資料も掲載した。

「人間と教育」を語り直す──教育研究へのいざない
皇 紀夫 編著　A5判　250頁　本体2500円

●教育を「人間の在り方」の次元に引き寄せて語り直すことで，読者が，教育の意味や役割について主体的により深く考え，教育に新しい意味世界を発見できるように構成した教育入門書。教育を考える新しい思考スタイルや，従来想定されることがなかった問題などが語られる。

教職論［第2版］──教員を志すすべてのひとへ
教職問題研究会 編　A5判　250頁　本体2400円

●「教職の意義等に関する科目」の教科書。教職と教職をめぐる組織・制度・環境を体系立ててわかりやすく解説した，教職志望者および現場教員にも必読の一冊。近年の法改正，学習指導要領改訂をふまえて全面改訂した。

教職論ハンドブック
山口健二・髙瀬　淳 編著　B5判　180頁　本体2400円

●教職課程「教職の意義等にかんする科目」（教職論）の教科書。新法制・新学習指導要領対応。教員をめぐる制度や環境を理解し，学校現場での基礎的な知識・考え方を身につける。これからの教育現場で避けて通れないESDを第4部にあてた。

───── ミネルヴァ書房 ─────

http://www.minervashobo.co.jp/